Joseph Gevaert

O primeiro anúncio

Finalidade, destinatários, conteúdos, modalidade de presença

Introdução de
Antonio Francisco Lelo

Dados Internacionais de Catalogação na Publicação (CIP)
(Câmara Brasileira do Livro, SP, Brasil)

Gevaert, Joseph
  O primeiro anúncio : finalidade, destinatários, conteúdos, modalidade de presença / Joseph Gevaert ; [tradução Paulo F. Valério]. – São Paulo : Paulinas, 2009. – (Coleção pedagogia da fé)

  Título original: La proposta del vangelo a chi non conosce il Cristro : finalità, destinatari, contenuti, modalitá di presenza.
  Bibliografia.
  ISBN 978-85-356-2468-7
  ISBN 88-01-02054-6 (ed. original)

  1. Cristianismo 2. Evangelização 3. Fé 4. Vida cristã I. Título.
  II. Série.

09-04668   CDD-269.2

Índice para catálogo sistemático:
1. Evangelização : Cristianismo   269.2

Título original da obra: *La proposta del vangelo a chi non conosce il Cristo*
© Editrice Elledici – 10096 Leumann (Torino), 2001

Direção-geral: Flávia Reginatto
Editores responsáveis: Vera Ivanise Bombonatto e
  Antonio Francisco Lelo
Tradução: Paulo F. Valério
Copidesque: Cirano Dias Pelin
Coordenação de revisão: Marina Mendonça
Revisão: Sandra Sinzato
Direção de arte: Irma Cipriani
Gerente de produção: Felício Calegaro Neto
Projeto gráfico: Wilson Teodoro Garcia

Nenhuma parte desta obra poderá ser reproduzida ou transmitida por qualquer forma e/ou quaisquer meios (eletrônico ou mecânico, incluindo fotocópia e gravação) ou arquivada em qualquer sistema ou banco de dados sem permissão escrita da Editora. Direitos reservados.

Paulinas
Rua Pedro de Toledo, 164
04039-000 – São Paulo – SP (Brasil)
Tel.: (11) 2125-3549 – Fax: (11) 2125-3548
http://www.paulinas.org.br – editora@paulinas.com.br
Telemarketing e SAC: 0800-7010081
© Pia Sociedade Filhas de São Paulo – São Paulo, 2009

Sumário

Introdução à edição brasileira 5

Apresentação 23

Capítulo 1
A fé no Deus vivo, que ama o ser humano
e se deixa conhecer... 25

    A fé no único Deus verdadeiro como primeira tarefa
    do Evangelho 26
    A espera de Cristo. O desejo do coração humano ... 54

Capítulo 2
O encontro explícito com o Evangelho
de Jesus Cristo 77

    A finalidade do anúncio de Jesus Cristo 79
    Quais os conteúdos a serem apresentados no
    primeiro anúncio? 88
    Alguns esclarecimentos acerca dos conteúdos da
    mensagem cristã 97

CAPÍTULO 3
FRAGMENTOS DE METODOLOGIA 111
   Alguns princípios metodológicos gerais 112
   Precauções metodológicas em relação à situação
   religiosa do não cristão 120
   Três modelos ou paradigmas bíblicos
   para o primeiro anúncio do Evangelho 125

PARA LEITURA E APROFUNDAMENTO 127

Introdução à edição brasileira

Anúncio querigmático

Esta obra,[1] assinada pelo conceituado professor Joseph Gevaert, aborda um tema urgente e necessário para a reflexão atual à luz do *Documento de Aparecida* (*DAp*).

O *Documento de Aparecida* estimula muito a proclamação do querigma como o anúncio central da fé em Cristo, do Reino que começa com a sua chegada, da salvação que oferece a todo aquele que crê, do destino de vida eterna e da vivência da fé como irmãos na Igreja, antecipação e realização do Reino já neste mundo.

A geração adulta de hoje não foi acostumada a ouvir o anúncio destemido e testemunhal do Senhor Jesus. A fé cristã estava bem mais adaptada aos sacramentos e promessas. Sem dizer que muitas vezes a pregação, a catequese e a liturgia não se centravam bem no núcleo de nossa fé em Cristo, em sua Páscoa, no Reino, na Igreja; mas se orientavam mais pelas devoções e festas. Quantas vezes a Palavra proclamada perdeu lugar para avisos e moralização de costumes...

---

[1] A edição brasileira não contempla os dois capítulos iniciais da obra original em italiano porque tratam de temas próprios do continente europeu.

Em clima de Cristandade, a iniciação cristã era papel da família e da própria sociedade. A primeira adesão a Jesus Cristo era suposta, pois o contexto social já levava à prática cristã. A catequese, em geral para crianças, acentuava fortemente a dimensão doutrinal. Havia pouca preocupação missionária, pois os esforços se concentravam mais em uma forma pastoral de conservação, de manutenção dos valores religiosos oficialmente proclamados na sociedade, do que propriamente em promover a evangelização.

Passamos por uma mudança de época:[2] espaço virtual, globalização, tecnologia e pesquisa. Mudam-se os referenciais do juízo ético, dos padrões histórico-culturais. Esses padrões nos deixam com a sensação de que nosso passado se perdeu na distância do tempo, pois ficou velho demais, os padrões são outros. Isso nos leva a uma crise de sentido da vida, ao subjetivismo exacerbado, e muitas vezes ficamos perdidos diante da pluralidade de concepções e alternativas.

A fé é posta à prova com a crise de valores: banalização da pessoa, corrupção, destruição do meio ambiente e o sucesso de conversões motivadas pela teologia da prosperidade, que atribui os males ao tentador e acentua as vantagens que a pessoa de fé desfruta neste mundo. O impacto do pluralismo cultural e religioso marca o fim da era de Cristandade e põe em crise o paradigma tradicional da transmissão da fé. Assumir o modelo catecumenal exige uma prática pastoral que abandone o conceito de Cristandade.

O pluralismo religioso questiona o ser humano em suas escolhas mais profundas, requer convicção e discernimento de opção religiosa. Passamos de um Cristianismo herdado automaticamente para um Cristianismo de opção consciente; de uma fé transmitida para uma fé contagiante.

Hoje, mais do que batizar por tradição familiar, o indivíduo é intensamente estimulado a construir sua própria identidade de fé. Um dos grandes ideais modernos é a realização pessoal. Portanto, melhor que confiar no ideal de

---

[2] DAp, n. 44.

uma sociedade cristã, vamos estabelecer processos de amadurecimento da fé nos quais o cristão adquira convicções e estabeleça valores que orientem sua existência.

Urge anunciar Jesus Cristo liberto dos fundamentalismos que tentam aprisioná-lo como um milagreiro. Muitos buscam uma Igreja como casa dos milagres, uma Igreja de resultados que gire em torno de si mesma, que atende perifericamente os pedidos, sem as preocupações do Reino.

Evita-se pensar que as pessoas já sejam crentes. Mais do que nunca se faz necessário o "primeiro anúncio" em todas as formas de catequese, deve tornar-se todo encontro de fiéis em ocasião para recuperar o coração da fé (querigma) e convite para a adesão inicial. Entre tantas propostas de fé, urge fazer a experiência no Deus uno e trino, como comunidade de amor. Conhecer e relacionar-se com Jesus de Nazaré e sentir-se incomodado com o anúncio do Reino.

Muitos dos que participam de vez em quando de nossas assembleias ou pedem o Batismo para os filhos deixaram de lado a vida de fé e ainda não receberam os sacramentos da Confirmação ou da Eucaristia. São profissionais capacitados, que já adquiriram maturidade nas relações afetivas e pessoais, porém a consciência de fé cristã ainda permanece na infantilidade, sem alcançar o Deus libertador anunciado por Jesus Cristo. Há que convidá-los para que busquem em sua paróquia o catecumenato pós-batismal de adultos, a fim de formar um grupo específico.[3]

Faz sentido perguntar quem é Deus para o cristão. Que significa a fé no único Deus verdadeiro? Quem é Jesus Cristo? Qual é o conteúdo do Evangelho que Deus mesmo manifesta por meio do Cristo? Qual é o caminho de Cristo para alcançar a Vida eterna?

---

[3] Para essa finalidade, recomendamos: BRUSTOLIN, L. A.; LELO, A. F. *Caminho de fé*; itinerário de preparação para o Batismo de adultos e para a Confirmação e Eucaristia de adultos batizados. São Paulo: Paulinas, 2006. BLANKENDAAL, A. F. *Seguir o mestre*; Batismo e/ou Confirmação e Eucaristia de adultos. São Paulo: Paulinas, 2007. 2 v.

Experiência de fé

Para muitos de nós, agentes de pastoral e catequistas – que fomos educados bebendo da tradição católica, de caráter mais devocional –, esse modo de evangelizar é novo, mas nos orienta para uma catequese mais centrada no essencial da experiência de fé, como Boa-Nova que nos impele a comunicá-la com convicção e destemor. Em um mundo secularizado, mais vale o testemunho que as palavras. A catequese querigmática vai nos ajudar a ser mais testemunhais em nossa maneira de propor a fé. Sobretudo se nós cremos e vivemos pela fé: "Quanto a nós, não podemos deixar de falar sobre o que vimos e ouvimos" (At 4,20). Ou, então: "O que contemplamos e o que as nossas mãos apalparam da Palavra da Vida — vida esta que se manifestou, que nós vimos e testemunhamos, vida eterna que a vós anunciamos" (1Jo 1,1-2).

Anunciar o querigma implica comunicar a própria experiência de fé, posicionar-se como pessoa de fé numa sociedade que duvida, questiona, põe à prova as convicções do missionário. Não se trata só de falar a verdade de fé, antes se trata de apresentar um estilo de vida, uma postura, um modo de ser no mundo, em que se demonstra a fé na qual se crê, se celebra e se estabelece relações com o próximo.

O querigma envolve a pessoa do missionário, sua experiência de fé é determinante para anunciar. O grau de sua realização pessoal interage com a mensagem. Só se empolga o ouvinte com a mensagem de vida que se tem a oferecer, mas que, antes de tudo, é mensagem de vida para quem anuncia. A vibração interior é fundamental.

Antes de ser uma obrigação ou apenas o cumprimento de alguns preceitos ou mandamentos, viver a fé cristã é a maior alegria que o coração humano pode alcançar. Significa, antes de tudo, ter encontrado a pérola preciosa do Reino, sentir-se amado pelo Pai, salvo em Cristo e fortalecido pelo Espírito Santo.

A dificuldade da fé em Deus não se trata simplesmente de considerar "verdadeira" uma afirmação teológica, mas sim de entrar nesse relacionamento pessoal com Deus, o qual exige uma mudança fundamental de perspectiva e de impostação da vida.

A comunidade de fé

A experiência de fé pessoal sofre o corretivo da experiência de fé eclesial, do estudo e aprofundamento da Palavra, da compreensão do mundo, caso contrário incorreremos num subjetivismo autoritário, na visão limitada deste ou daquele mestre de espírito.

> A maior experiência de abertura para Deus se dá na Encarnação, na qual Deus se faz verdadeiramente um com o ser humano, sendo em tudo igual a ele, menos no pecado. Em Jesus Cristo, o ser humano – e particularmente o cristão, que é um outro Cristo, pois a partir do Batismo foi configurado a ele próprio – é chamado a viver essa íntima relação com Deus. Jesus é o rosto humano de Deus, próximo a cada um dos homens e mulheres e, através dele e por causa dele, todo ser humano pode fazer verdadeiramente essa experiência com Deus (cf. Jo 1,16-18).[4]

A comunidade é o lugar da experiência de Deus. Na comunidade de fé encontramos o essencial de nossas vidas – a revelação de Deus. A Casa do Pai reúne seus filhos ao redor da mesa. Ele nos dirige a Palavra e pela força do Espírito penetra juntas e ligaduras. A Palavra revela nossas reais intenções, vê o mais profundo de nossos corações. Na comunidade nos reunimos ao redor das duas mesas, que no fundo formam uma só, a da Palavra e a da Eucaristia. Participar do banquete dessas mesas ou entrar em comunhão com o Cristo Palavra e Eucaristia significa aceitar que sua proposta de vida aconteça em nossa existência. Somente o Espírito Santo tem acesso ao nosso interior. Em nosso íntimo, ele transforma nossa maneira estreita, na maioria das vezes interesseira, de ver as pessoas, os acontecimentos ao nosso redor.

---

[4] NÚCLEO DE CATEQUESE PAULINAS. *Cristãos a serviço do Reino.* Formação do agente pastoral na paróquia. São Paulo: Paulinas, 2009. p. 16.

A Igreja não é somente o que aparece externamente. Nela há uma vida escondida que empurra, move e vivifica: é o Espírito. O Espírito invisível habita em cada um de nós, anima-nos e nos fortalece para superar as debilidades de nossa carne e para formar um só corpo, uma só comunidade.

A comunidade de fé, apesar da imperfeição de seus membros, abriga em seu interior o mistério de salvação. Por isso os batizados atuam com valentia na edificação da comunidade e na caridade social: "[...] também vós, como pedras vivas, formai um edifício espiritual, um sacerdócio santo, a fim de oferecerdes sacrifícios espirituais, agradáveis a Deus, por Jesus Cristo" (1Pd 2,5).

A comunidade, ao se comprometer a anunciar o Evangelho como Boa-Notícia para nossas vidas, ilumina nosso querer e nosso coração para que andemos segundo a vontade do Pai e encontremos o caminho da vida e da plena realização humana.

Objetivo

A finalidade da catequese é aprofundar o primeiro anúncio do Evangelho: levar o catequizando a conhecer, acolher, celebrar e vivenciar o mistério de Deus, manifestado em Jesus Cristo, que nos revela o Pai e nos envia o Espírito Santo. Conduz à entrega do coração a Deus, à comunhão com a Igreja, corpo de Cristo (cf. *DGC* 80-81; *Catecismo* 426-429), e à participação em sua missão.[5]

Proclamar o querigma é suscitar a fé em Jesus de Nazaré como Messias e Filho de Deus, de modo que tal aceitação se atualize em salvação para o crente.

A iniciação cristã e o querigma

No *Documento de Aparecida* a conversão inicial é impactante do primeiro anúncio – querigma – como um elemento

---

[5] CNBB. *Diretório Nacional de Catequese*. São Paulo: Paulinas, 2006. n. 43. (Col. Documentos da CNBB, n. 84.)

constituinte da formação do discípulo e não somente como o tempo de uma fase, mas também como o fio condutor de um processo a partir do qual acontece a possibilidade de uma iniciação cristã verdadeira (cf. n. 278a).

> Sentimos a urgência de desenvolver em nossas comunidades um processo de iniciação na vida cristã que comece pelo *querigma* e que, guiado pela Palavra de Deus, conduza ao encontro pessoal, cada vez maior, com Jesus Cristo [...] e que leve à conversão, ao seguimento em uma comunidade eclesial e a um amadurecimento de fé na prática dos sacramentos, do serviço e da missão.[6]

Alimenta-se essa experiência do encontro no cultivo da amizade com Cristo na oração, no apreço pela celebração litúrgica, na experiência comunitária e no compromisso apostólico mediante um permanente serviço aos demais.[7]

O pré-catecumenato

O processo catecumenal do *Ritual de Iniciação Cristã de Adultos* (RICA) contempla, em sua primeira etapa (nn. 9-12), especificamente, o anúncio querigmático. Essa fase, também chamada de pré-catecumenato, distingue-se, essencialmente, pelo *anúncio*, pela *acolhida* e pela *conversão* dos que desejam ser cristãos e ingressar na comunidade dos fiéis, que é uma experiência viva da presença do Espírito e de comunhão no amor de Deus Pai, Filho e Espírito Santo. Esse é o primeiro contato daquele que pede a fé à comunidade cristã. É um tempo de evangelização, sem duração prevista.

Ao considerarmos a situação dos adultos afastados da fé que vêm à nossa comunidade para dar seus primeiros passos de conversão e de experiência do amor e da misericórdia de Deus em suas vidas, avaliamos a importância da acolhida e do *acompanhamento pessoal* que requer tal aproximação.

---

[6] *DAp*, n. 289.
[7] Ibid, n. 299.

Anúncio

Deus é a origem e o destino de toda criatura. Deus pessoal, absolutamente único, do qual tudo se origina e no qual se encontram a vocação e o destino último. Deixar Deus para outra hora da vida é agir diferente de Jesus, que se inspira radicalmente na certeza de que o crer no Deus vivo, o levar absolutamente a sério o relacionamento de fé, de amor e de esperança para com o único Deus verdadeiro é o fundamento próprio da vida humana e única garantia da participação na vida eterna com Deus.

> [...] O centro do *primeiro anúncio* (querigma) é a pessoa de Jesus, proclamando o Reino como uma nova e definitiva intervenção de Deus que salva com um poder superior àquele que utilizou na criação do mundo. Essa Salvação "é o grande dom de Deus, libertação de tudo aquilo que oprime a pessoa humana, sobretudo do pecado e do Maligno, na alegria de conhecer a Deus e ser por ele conhecido, de o ver e se entregar a ele" (*EN* 9; *DGC* 101).[8]

O conteúdo fundamental do querigma é a morte e ressurreição de Jesus Cristo enquanto acontecimento salvífico atual. O *Diretório Nacional de Catequese*, nos números 30-32, explicita os elementos essenciais que devem fazer parte do querigma:

- Jesus que anuncia a chegada do Reino e o amor do Pai;
- a salvação em Cristo e a nossa correspondência e responsabilidade para com esse amor;
- a Igreja, germe e início desse Reino;
- o destino eterno e glorioso daquele que crê, ama e espera.

O querigma apresenta o primeiro anúncio vigoroso da pessoa de Jesus Cristo, do Reino, da Igreja e da salvação. Intui-se que o Deus anunciado por Jesus Cristo é alguém significativo e vital para sua realização pessoal.

---

[8] CNBB, *Diretório Nacional de Catequese*, n. 30.

Aqueles que serão seus discípulos já o buscam (cf. Jo 1,38), mas é o Senhor quem os chama: "Segui-me" (Mc 1,17; Mt 9,9). É necessário descobrir o sentido mais profundo da busca, assim como é necessário propiciar o encontro com Cristo que dá origem à iniciação cristã.[9]

O Verbo de Deus, Jesus, se fez carne e tornou-nos "participantes da natureza divina" (2Pd 1,4). Isso para que, entrando em comunhão com o Verbo e recebendo assim a filiação divina, nos tornemos filhos de Deus. Jesus é a admirável união entre a natureza divina e a natureza humana na única pessoa do Verbo. Um na Trindade. É verdadeiro Deus e verdadeiro homem.

Com Jesus, Verbo de Deus encarnado, acontece a maior novidade: Deus se revela em seu Filho. A salvação nos foi dada, toda a plenitude da história humana chega ao seu ápice. Agora vivemos o tempo novo ou os últimos tempos, porque nada pode ser maior que a novidade: Jesus, o Filho de Deus que veio a este mundo para nos salvar.

O Reino não é comida nem bebida. Ele se faz presente naqueles que aderiram a Cristo e vivem conforme o modo que Jesus atuou nesse mundo. Jesus é o Messias esperado que veio libertar os oprimidos e inaugurar o "Reino de Deus [que] é justiça e paz e alegria no Espírito Santo" (Rm 14,17).

Esse foi o anúncio impactante de Pedro e Paulo que ficou registrado em Atos dos Apóstolos e nas Cartas. Em frases curtas e testemunhais apresentam o Deus revelado por Jesus e a novidade de vida que os levavam a ser apóstolos, enviados da verdade.

> O poder do Espírito e da Palavra contagia as pessoas e as leva a escutar Jesus Cristo, a crer nele como seu Salvador, a reconhecê-lo como quem dá pleno significado a suas vidas e a seguir seus passos.[10]

---

[9] *DAp*, n. 278a.
[10] Ibid., n. 279.

São Paulo, em seu querigma, fala da relação pessoal com o único Deus verdadeiro como algo que precede o anúncio do Evangelho (At 14,15; 1Ts 1,9-10; Jo 17,3).

Crer no único Deus verdadeiro não deve ser entendido apenas como ato nocional e cognitivo, mas sim como começar a ter uma relação pessoal de confiança e de amor com Deus. Crer em Deus significa confiar nele (*fides qua*, adesão). Confiança de fé em um Deus que já se revelou e com o qual nos comprometemos. Âmbito da aliança (amor e confiança razoável). Não é confiança cega, está conjugada com uma determinada ideia de Deus e uma determinada verdade (conteúdos dogmáticos) que apoiam a confiança nele.

Anúncio e prosperidade

Em tempos de apelação do sagrado, de relação utilitária com Deus, é hora de nos perguntarmos em que Deus queremos acreditar. Será que a fé tem de necessariamente responder, atender as necessidades imediatas da pessoa para ela descobrir Deus?

Atualmente, há pessoas que se aproveitam das desgraças do povo para fazer falsas promessas de milagres. Numa sociedade que prega a prosperidade baseada no consumo, a fé se torna um negócio lucrativo. Uma pessoa desesperada quer uma solução mágica. O aflito não quer receber a bênção divina, mas quer fazer um "negócio" para que a sua vida melhore. Os templos religiosos lotados de pessoas são sinal de bênção ou de desespero de uma sociedade desordenada e caótica?

Uma atitude consciente será demonstrar a gratuidade do amor incondicional de Deus, a ponto de enviar o seu Filho, Jesus. Por isso ele conta com a adesão de nossa parte, sem, contudo, nos poupar das limitações, tragédias e problemas da ordem de nossa natureza humana.

Permanece a força do grande anúncio do Deus vivo que escuta o clamor, ergue seu braço forte e tem sua mão estendida para salvar o povo da escravidão do faraó, do culto aos falsos ídolos, e conduzi-lo à terra prometida.

A ação divina é pessoal e intransferível, porém seu âmbito de ação é comunitário e eclesial. O povo do Senhor passa a ser cuidado e conduzido em asas de águia, pois com ele se estabelece a aliança: "Sereis o meu povo e eu serei o vosso Deus" (Ez 36,28).

Na linguagem do Novo Testamento, o testemunho do único Deus verdadeiro contém também um apelo e, ao mesmo tempo, uma ajuda eficaz, a fim de conceder a Deus um lugar vital, aliás, o lugar central na vida humana, e assumir, em relação a ele, aquela atitude fundamental de "amar a Deus sobre todas as coisas e o próximo como a si mesmo". Este é, precisamente, o significado que está por trás da expressão bíblica: "conhecer a Deus", conhecer o único Deus verdadeiro.

Características

A homilia e a catequese serão querigmáticas na medida em que apresentem certas características próprias do ser e finalidade do querigma:
- emprego da Sagrada Escritura, mostrando como Deus em e por Jesus de Nazaré entra na história da humanidade;
- anúncio do Mistério Pascal de Jesus Cristo em e por quem Deus nos dá a salvação;
- testemunho feliz da atualidade da redenção, pois o que se anuncia é o que se experimenta e se vive.

Acolhida

Este tempo convida nossas comunidades a ser mais acolhedoras, a ter mais atenção com aqueles que participam de vez em quando. Imaginem quantas pessoas passam por nós na comunidade e não nos damos conta. Entram e saem sem ser percebidas. E, às vezes, quando nos procuram, somos mais burocratas do que irmãos preocupados em ajudar.

Acolher o catequizando significa ter cuidado para ouvir suas motivações de fé, sua história de vida e seus problemas. Na verdade, a conversão de um adulto implica um repasse das dimensões de toda a sua vida, o que requer tempo de escuta, acompanhamento, amizade, confiança e respeito por suas convicções e experiências, muitas vezes sofridas.

O introdutor ou o catequista, quando acolhe alguém, o faz não em seu nome pessoal ou por qualquer outro tipo de sentimento que o envolva, mas sim unicamente em nome de Cristo e da Igreja. Em Lc 15,11-32, no episódio do filho pródigo, não se pode esquecer a cena do pai que, ao avistar o filho de longe, se encheu de compaixão. Correu ao encontro do filho, abraçou-o e o beijou.

Às vezes, procuramos muitas coisas, pensamos em muitas soluções, atividades, e esquecemos que na simplicidade delas encontramos as soluções. O que são "abraços e beijos"? Gestos simples, mas que por preconceito são negados. O pai não disse nada ao filho nem cobrou uma explicação; apenas o abraçou e o beijou, trazendo-o para uma nova condição de vida. O filho, por sua vez, se sentiu amado, até tentou justificar, mas foi em vão, o pai o amava mais. Claro que a pessoa pode ter um impedimento de comunhão, mas não de ser amada, acolhida e participar naquilo que se pode participar. Agora, por que esses gestos tão simples resolvem a maioria dos problemas? Porque ninguém consegue, com todo o dinheiro do mundo, comprar um abraço ou um beijo, esses gestos não se vendem nem se encontram numa vitrine.

Como acolhemos as pessoas é o que faz a diferença e determina como vão ser as coisas dali em diante. A resistência existiu, não da parte do pai, mas do irmão. Muitos catequistas agem com muitas justificativas, assim como o irmão do filho pródigo.

> Se não houver uma boa acolhida, todos os trabalhos, todas as ações e a comunidade em si estão fadados ao fracasso. Ninguém quer permanecer onde não é bem acolhido. Para que um trabalho dê frutos é preciso, primeiro, que seus agentes sintam-se acolhidos.[11]

A acolhida feita por Jesus é um gesto de amor e só quem ama acolhe aqueles que são vítimas do desamor. A

---

[11] PEREIRA, José Carlos. *Pastoral da acolhida*. Guia de implantação, formação e atuação dos agentes. São Paulo: Paulinas, 2009. p. 13-14.

acolhida provoca transformações mútuas. Ao acolhermos, somos, simultaneamente, acolhidos e essa reciprocidade é transformadora, provocadora de situações que geram outros gestos de amor.

Acolher significa oferecer refúgio, proteção ou conforto. É mostrar, com gestos e palavras, que a comunidade paroquial é o espaço onde se pode encontrar essa segurança.[12]

Ao acolher bem, estamos dizendo àquela pessoa: você é muito importante no nosso meio; sua presença vem enriquecer o nosso grupo; você tem muito valor. Acolher bem é valorizar a pessoa que chega, independentemente de quem seja; e ela, sentindo-se valorizada, vai se empenhar em ajudar, dando o melhor de si. Todos ganham com isso. Recordemos a acolhida que Jesus deu à mulher tida como pecadora e a transformação que a boa acolhida fez na vida dela.

A pessoa, quando chega à comunidade e é bem acolhida, tem vontade de permanecer e, se a acolhida foi verdadeira, ela permanece de fato. A boa acolhida é uma das qualidades mais importantes de nossas paróquias. Paróquia que acolhe bem terá sempre bons agentes de Pastoral e, com isso, cresce sempre mais.[13]

Conversão

Com a graça de Deus, há uma conversão inicial, por meio da qual a pessoa se sente chamada a afastar-se do pecado e a mergulhar no mistério do amor de Deus (cf. *RICA*, n. 10).

O poder do Espírito e da Palavra contagia as pessoas e as leva a escutar Jesus Cristo, a crer nele como seu Salvador, a reconhecê-lo como quem dá pleno significado a suas vidas e a seguir seus passos").[14]

---

[12]   Ibid. p. 14-15.
[13]   Ibid. p. 17.
[14]   (DAp, n. 279).

O querigma traça uma catequese propositiva com forte capacidade missionária de anúncio de conversão, adesão a Cristo e mudança de vida.

Apresentar a pessoa e a missão de Jesus que vem ao mundo é algo que nos entusiasma e nos faz viver com mais alegria. Temos dificuldade de pensar quem de fato é Jesus. Normalmente, é mais fácil pensar em um menino que nasceu indefeso e pobre, e desperta sentimentos de ternura; ou, então, pensamos em Jesus compassivo e misericordioso que nos ajuda em nossas necessidades; ou que, por ter sofrido a violência humana, é solidário também com o nosso sofrimento. Porém não nos preocupamos da mesma forma em conhecer mais a fundo a pessoa de Jesus, sua missão e seu ensinamento.

Há que acrescentar à devoção que sentimos pelo Jesus sofredor ou ao Cristo presente na santa Eucaristia as atitudes do discípulo que segue a Cristo. O sentimento de devoção deve nos levar ao desejo de segui-lo, de viver como ele viveu, o que significa um profundo desejo de conversão. A pessoa, situada no início da fé, sente-se misteriosamente chamada por Deus, a quem urge dar uma resposta. Quando a resposta é afirmativa, Deus ocupa o centro da sua vida.

É nesse diálogo que o ser humano decide livremente que Deus ocupe o centro de sua vida, que os desejos de Deus sejam os desejos de sua vontade humana, e que o amor de Deus seja o fundamento de seu amor humano. Inicia-se o seguimento de Jesus.

Acompanhamento pessoal

Neste período de contato e esclarecimento das intenções, projetos e objetivos do catequizando e da comunidade dá-se a atuação do introdutor. O introdutor é alguém mais experiente na vida de fé, um verdadeiro guia espiritual, mais aprofundado na fé, um amigo que, partilhando sua própria experiência com o candidato, vai ajudá-lo a caminhar na fé e estabelecer uma relação pessoal com Deus e com a comunidade. "Quanto mais personalizado for o acompanhamento, maiores serão os rendimentos e mais solidificada será esta primeira etapa do processo catecumenal."[15]

No catecumenato pós-batismal com adultos ou com os jovens na Crisma o introdutor será aquele amigo que conversará particularmente com o candidato, escutará sua história de vida, seus anseios e projetos. Também o ajudará a dar os primeiros passos na vida de comunidade e o acompanhará no crescimento de sua oração. Fundamentalmente, é alguém próximo que escuta, acompanha e testemunha a grandeza e a força da fé na vida de uma pessoa.

Anuncia o querigma, com seus principais conteúdos; auxilia na descoberta pessoal da Boa-Nova de Jesus Cristo; e acompanha o processo de conversão daqueles que procuram o Deus vivo. Introdutores e catequistas tudo farão para que os catequizandos sintam-se amados por Deus, acolhidos pela comunidade e motivados a iniciar o itinerário.

Possivelmente, será membro ativo de alguma pastoral. O grupo de introdutores se enriquece quando seus membros são participantes das diversas pastorais e movimentos paroquiais, visto que um dos objetivos do trabalho do introdutor é o estreitamento de laços do candidato com a comunidade, a fim de dar-lhe maior segurança e força para o início de sua caminhada cristã.

Em qualquer situação, a evangelização deve acontecer num clima de acolhimento, com linguagem acessível e em tom coloquial, para que as pessoas sintam-se à vontade em participar. O acompanhamento espiritual dado pelos introdutores, no início da caminhada de fé, tem as seguintes finalidades:

- favorecer a atuação do Espírito Santo, que realiza a iniciação da pessoa na vida de Cristo e da Igreja;
- ajudar na compreensão do Evangelho e na adesão à pessoa de Jesus Cristo;
- estimular a pessoa no processo de conversão e vivência do Evangelho;

---

[15] ARQUIDIOCESE DO RIO DE JANEIRO. *Diretório Arquidiocesano da Iniciação Cristã*. Rio de Janeiro: Nossa Senhora da Paz, 2008. n. 116.

- clarear, motivar e orientar a leitura bíblica e a oração pessoal.[16]

Um grupo de ministros, ao refletir sobre o que significa anunciar, acolher e acompanhar uma pessoa que está afastada da fé, destacou três elementos:

- *Rezar* pedindo a Deus para preparar o coração da pessoa, tornando-o acolhedor e capacitado para escutar, aprender e aceitar os acontecimentos da vida. Também, pedindo a Deus por aqueles que vão acolhê-la e acompanhá-la para que saibam anunciar a ela quem é Jesus.
- *Ser amigo* dela sem forçar o anúncio. Mostrar-lhe o valor da amizade independente de ter ou não fé. Apresentar o que Jesus fez em nossa vida, especialmente a passagem de como éramos e como somos agora.
- *Esclarecer que todos passamos por sofrimentos* e demonstrar o quanto Deus nos ama e a força que ele nos dá nesses momentos e, então sim, convidá-la para participar da comunidade. Relembrando: sem forçar nada, pois Deus realizará a seu tempo aquilo que ele quer, tanto para a pessoa como para nós.

Portanto, o anúncio da palavra evangélica exige daquele que dá o testemunho a disponibilidade de acompanhar e de ajudar a pessoa que demonstra abertura para o Evangelho. Não basta proclamar ou testemunhar uma única vez esta fé no único Deus. Será preciso também ajudar a eliminar e a superar os obstáculos que esta fé encontra. É preciso estar disposto a percorrer, com as pessoas sensíveis e interessadas, um trecho do caminho, mais ou menos longo, mais ou menos árduo, como fez o próprio Jesus Cristo ao longo da estrada de Emaús.

Essas dificuldades devem ser matizadas diante da necessidade que as pessoas têm de ouvir claramente o anúncio da salvação em Cristo feito por alguém que testemunhe e vibre com tal notícia. Duas irmãs religiosas relataram-me que

---

[16] Sobre o introdutor: ARQUIDIOCESE DO RIO DE JANEIRO, *Diretório Arquidiocesano da Iniciação Cristã*, nn. 10, 22, 119-120, 124-125.

se espantaram com o fato de um sobrinho delas, com cerca de 24 anos, ter, repentinamente, se convertido a uma denominação religiosa pentecostal. Esse sobrinho se destacava por sua retidão de vida e compromisso com o trabalho, porém, até então, nunca manifestara uma definição religiosa.

Após alguns contatos com o pastor de uma comunidade de fé, o rapaz se animou sinceramente, e passou a professar a fé com o ardor de todo recém-convertido. Ao ser questionado sobre a conversão pelas tias religiosas, afirmou: "Nunca ninguém me anunciou Jesus Cristo". Decorridos mais de quatro anos, o rapaz continua firme em sua decisão de fé.

Concluindo

Permanece o desafio de os anunciadores da fé, mais do que nunca, serem testemunhas capazes de transmitir a própria experiência de fé, de se colocarem como guias espirituais fundamentados no núcleo da fé, tido não unicamente como doutrina, mas como fé dada pela Igreja e professada com convicção.

Ao participar de um retiro de ministros que refletiu sobre o primeiro anúncio aos mais afastados da comunidade, um grupo propôs um esquema interessante. Será preciso dar três passos com a pessoa, partindo da:

1. *Parábola da semente* (Mt 13,1-23): torna-se necessário preparar o terreno de quem escuta para que a Palavra encontre a terra boa e úmida para fazer brotar a semente;
2. *Parábola do filho perdido e reencontrado* (Lc 15,11-32): sem o reconhecimento dos próprios pecados, com a atitude correspondente de conversão, não será possível cair nos braços da misericórdia do Pai, que ama e vem ao encontro do filho distante de sua casa;
3. *Transfiguração* (Mt 17,1-9): fazer a experiência da beleza da vida em Deus, que o Filho tornou possível e real em sua pessoa pela ação do Espírito Santo.

Eis a pertinência e necessidade de aprofundar o primeiro anúncio da fé, recomendado pelos bispos em Aparecida e enraizado nos inícios da pregação apostólica. A publicação desta obra em muito contribuirá neste tempo de busca de aprofundamento da identidade cristã no contexto do pluralismo cultural e religioso que marca o fim da era de Cristandade com a transmissão cultural da fé e que inicia a era de um Cristianismo de convicções e adesão pessoal de fé.

Padre Antonio Francisco Lelo
Doutor em Liturgia;
editor-assistente de Paulinas Editora

Apresentação

Este livro é uma breve introdução ao problema do primeiro anúncio de Jesus Cristo. Todos aqueles (sacerdotes, missionários, catequistas, professores de religião...) que desejam uma informação séria sobre os termos e os conteúdos do primeiro anúncio do Evangelho e quem não conhece o Cristo encontrarão aqui algumas indicações essenciais.

Atualmente, no mundo ocidental, os cristãos convictos são minoria em meio a um grande número de não cristãos. Encontramos também muitos batizados que ignoram bastante Jesus Cristo e o Evangelho ou que, de qualquer maneira, não optaram pessoalmente por ser cristãos. Nesse contexto, a transmissão da fé cristã não pode ser garantida se não se retoma, de maneira atual, a proposta missionária do Evangelho.

Nos últimos decênios temo-nos dedicado prevalentemente à catequese daqueles que já são cristãos. Desenvolvemos uma grande especialização metodológica nesse campo. Introduziu-se, timidamente, o catecumenato para aqueles que, mediante um caminho pessoal, atingiram uma atitude inicial de fé cristã e solicitam o Batismo. Em contrapartida, encontramo-nos consideravelmente desprovidos e despreparados diante da tarefa prioritária de anunciar o Evangelho àqueles que não são cristãos. O mesmo despreparo se verifica em relação aos batizados que não conhecem Jesus Cristo.

Este livro se ocupa da primeira fase do percurso para que alguém se torne cristão, geralmente chamada de primeiro anúncio de Jesus Cristo ou primeira evangelização. Quanto à abundante publicação sobre o catecumenato e sobre a iniciação cristã das crianças batizadas e já pequenos cristãos, esta primeira etapa do caminho cristão, que precede normalmente o catecumenato, geralmente é tratada como "a gata borralheira" da evangelização. O *Rito para a Iniciação Cristã dos Adultos*, bem como numerosos livros sobre o catecumenato contemporâneo, afirmam que o primeiro anúncio do Evangelho é importante, mas, a seguir, limitam-se a caracterizar como "pré-catecumenato" tal conjunto de processos complexos e difíceis que podem conduzir à fé em Jesus Cristo.

Neste livro não são discutidos diretamente os grandes temas em voga, como o diálogo inter-religioso ou a inculturação, pois são problemas gerais que pertencem à teologia ou à missiologia. Na verdade, o problema principal para as comunidades cristãs não diz respeito à modalidade da inculturação nem ao diálogo com as outras religiões. O problema prioritário é aquilo que temos a dizer, a propor ao homem de hoje. O problema é ter consciência e ideias claras a respeito da proposta evangélica. Se não temos mais nada a propor, então também as teorias sobre a inculturação e sobre o diálogo inter-religioso perdem relevância.

Este livro não se desenvolveu em um dia. Ano após ano, na discussão com estudantes provenientes de todos os continentes, o assunto foi reorganizado e redimensionado a fim de corresponder melhor à realidade. Todos, a seu modo, deram uma pequena contribuição para melhorar o preparo desta matéria, motivo pelo qual merecem nossa gratidão.

Um agradecimento especial à professora Marcella Pomponi, que se dispôs a reler o manuscrito italiano.

J. GEVAERT

1
A fé no Deus vivo, que ama o ser humano e se deixa conhecer...

Um princípio de fundo da primeira evangelização reza que o testemunho da vida cristã, conquanto necessário, não substitui o anúncio explícito do Evangelho.

É indispensável que alguém dê testemunho verbal claro acerca do Evangelho de Deus, que foi divulgado, proposto e realizado em Jesus Cristo. Concretamente, o pai ou a mãe, ou outro cristão, um catequista ou um sacerdote, alguém deverá dizer quem é Deus para o cristão; o que significa a fé no único Deus verdadeiro; quem é Jesus Cristo; qual é o conteúdo do Evangelho que Deus mesmo manifesta por meio do Cristo; qual é o caminho de Cristo para alcançar a Vida eterna. *Ad Gentes*, n. 13, afirma solenemente:

> Sempre que Deus abre a porta da palavra para anunciar o mistério de Cristo (cf. Cl 4,3) a todos os homens (cf. Mc 16,15), com confiança e constância (cf. At 4,13.29.31; 9,27-28; 13,46; 14,3; 19,8; 26,26; 28,31; 1Ts 2,2; 2Cor 3,12; 7,4; Fl 1,20; Ef 3,12; 6,19-20) seja anunciado (cf. 1Cor 9,15; Rm 10,14) o Deus vivo, e Aquele que Ele enviou para a salvação de todos, Jesus Cristo (cf. 1Ts 1,9-10; 1Cor 1,18-21; Gl 1,31; At 14,15-17; 17,22-31), para que os não cristãos, sob a inspiração interior do Espírito

Santo (cf. At 16,14), se convertam livremente à fé no Senhor, e adiram sinceramente Aquele que, sendo "caminho, verdade e vida" (Jo 14,6), cumula todas as suas esperanças espirituais, mais ainda, supera-as infinitamente.

Este texto programático indica os temas que serão tratados respectivamente neste capítulo (a fé no Deus vivo: as expectativas do coração humano) e no capítulo seguinte (o anúncio de Jesus Cristo ou querigma cristão).

Antes de nos adentrarmos pelos problemas relativos à fé em Jesus Cristo, convém ilustrar brevemente o sentido e a importância da fé no único Deus verdadeiro como primeiro passo da mensagem cristã.

A fé no único Deus verdadeiro como primeira tarefa do Evangelho

O texto do documento conciliar *Ad Gentes* citado segue substancialmente o esquema do anúncio evangélico de São Paulo aos pagãos. O evangelizador não começa bruscamente com o discurso sobre Jesus Cristo, mas se preocupa, em primeiro lugar, com que os ouvintes deem início a uma relação pessoal com o único Deus verdadeiro, caso ainda não tenham chegado a isso.

Também hoje é importante dar-se conta de que a fé no único Deus verdadeiro é algo que precede o anúncio do Evangelho, embora essencialmente faça parte do mesmo anúncio evangélico.[1] Na prática, muitas vezes esta fé no

---

[1] Cf. DREYFUS, F. Le kérygme est-il uniquement christologique? In: HENRY, A.-M. et alii. *L'annonce de l'Évangile aujourd'hui*. Paris: Cerf, 1962. p. 55-66. Sua conclusão (p. 65): "Nessa perspectiva, que me parece seja a de toda a Bíblia, a dos Atos e a de São Paulo, as afirmações concernentes ao Deus vivo e criador são, em minha opinião, parte integrante do querigma cristão. Por isso me pergunto se é precisamente conforme o dado bíblico falar de '*pré*-evangelização', quando dizemos aos nossos pagãos modernos que devem renunciar a seus ídolos mortos (não importa com quais –ismos sejam indicados) para voltar-se ao Deus vivo, criador do céu e da terra... É exatamente a primeira parte do querigma de Paulo em Tessalônica (1Ts 1,9). E é o querigma de Paulo em Listra: '[...] vos estamos anunciando a Boa-Nova. Abandonai esses ídolos inúteis, para vos converterdes ao Deus vivo, que fez o céu, a terra' (At 14,15)".

único Deus verdadeiro não está adequadamente presente nos pagãos modernos, ou, então, é fortemente subdesenvolvida.

Textos bíblicos que mencionam a necessidade da fé em Deus e da fé em Jesus Cristo

A primeira referência é constituída por alguns textos bíblicos que parecem documentar com clareza suficiente que a pregação do Evangelho se articula em torno da fé no mistério do Deus vivo e da fé em Jesus Cristo como testemunho e revelação de Deus.

Já na pregação de João Batista, a fé em Deus e a fé em Jesus Cristo aparecem presentes distintamente: conversão ao único Deus verdadeiro e fé específica em Jesus Cristo. João prega: "Convertei-vos, pois o Reino dos Céus está próximo" (Mt 3,1). Ao mesmo tempo, pede que se creia em Jesus Cristo. Com efeito, lemos no livro dos Atos: "Paulo disse-lhes: 'João administrava um batismo de conversão, dizendo ao povo que acreditasse naquele que viria depois dele, isto é, em Jesus'" (At 19,4).

Nas mesmas vicissitudes de Jesus, documentadas pelos Evangelhos, encontra-se a pregação da proximidade do Reino de Deus e da conversão a Deus. Por outro lado, existe a insistente exigência de acreditar nele, de reconhecer sua íntima relação com Deus, como se depreende repetidamente dos discursos polêmicos no Evangelho de João (Jo 5,31-47; 6,32-40; 8,13-47; 10,22-39).

Outros textos parecem espelhar uma fórmula ou citação já frequente entre os cristãos do Novo Testamento. O texto mais significativo é, talvez, aquele dos Atos dos Apóstolos que fala da comovente despedida de Paulo dos presbíteros da comunidade cristã de Éfeso, convocados a Mileto. Em seu discurso, Paulo reassume o empreendimento de sua vida, dizendo: "Nunca deixei de anunciar aquilo que pudesse ser de proveito para vós, nem de vos ensinar, publicamente e de casa em casa. Insisti com judeus e gregos para que se convertessem a Deus e acreditassem em Jesus, nosso Senhor" (At 20,20-21).

O próprio Jesus pediu insistentemente, em sua pregação e nas discussões com seus contemporâneos, que se convertessem [a Deus] e que acreditassem nele. "Completou-se o tempo, e o Reino de Deus está próximo. Convertei-vos e crede na Boa-Nova" (Mc 1,15).

A fé em Deus e a fé em Jesus Cristo são dois polos inseparáveis que caracterizam o Evangelho. Conforme o caso, pode-se também falar do Evangelho de Deus (Mc, 1,14; Rm 1,1; 15,16; 2Cor 12,7; 1Pd 4,17; 1Ts 2,2) ou do Evangelho de Jesus Cristo (1Ts 3,2; Rm 15,19; Gl 1,7; 1Cor 9; 2Cor 2,12; 4,4; 9,13-14). Seja como for, trata-se sempre do mesmo idêntico Evangelho.

A pregação do Evangelho no mundo pagão

Na pregação do Evangelho aos pagãos, no início do Cristianismo, aparece com clareza que a primeira preocupação do evangelizador diz respeito à fé no único Deus verdadeiro. Esta fé é considerada o passo primeiro e fundamental para se fazer a proposta significativa de Jesus Cristo e para alguém se tornar cristão. A primeira preocupação é assegurar a fé no único Deus verdadeiro.

Pregando aos judeus, São Paulo podia supor que os ouvintes eram adoradores do único Deus verdadeiro. Tinham o conhecimento do monoteísmo bíblico, ainda que o modo de conceber e de viver a vida nem sempre lhe fosse correspondente. Conheciam as promessas do Reino de Deus, a lei fundamental do amor de Deus e do próximo etc. Por essa razão, a pregação do Evangelho era imediatamente centrada em torno de Jesus Cristo.

Na pregação do Evangelho aos pagãos, Paulo segue, como primeiro passo, a práxis habitual dos missionários judeus, que pregavam o monoteísmo bíblico, ou seja, a fé no único Deus verdadeiro. Falando aos pagãos no contexto helenístico, Paulo se dá conta de que, antes de falar de Jesus Cristo, é necessário que as pessoas passem à fé no único Deus verdadeiro.

O texto querigmático mais explícito, do qual resulta que Paulo se preocupa, antes de mais nada, com a fé no único

Deus verdadeiro e, a seguir, com a fé em Jesus Cristo, é o conhecido texto da primeira Carta aos Tessalonicenses (1Ts 1,9-10). São lembrados três temas ou finalidades que dizem respeito à fé no único Deus verdadeiro: 1º) converter-se a Deus; 2º) afastar-se dos ídolos; 3º) servir ao Deus vivo e verdadeiro.

Convém citar, ainda, mesmo que não seja perfeitamente transparente, uma afirmação da Carta aos Hebreus, na qual se insiste sobre o lugar fundamental da fé em Deus no primeiro anúncio cristão: "Ora, sem a fé é impossível agradar a Deus, pois quem dele se aproxima deve crer que ele existe e recompensa os que o procuram" (Hb 11,6). Na história da missão na época moderna esse princípio foi acolhido nas *Monita ad missionarios* [*Admoestações aos missionários*] para o Oriente² e nas diretivas do Cardeal Lavigerie para os missionários de Uganda³. O sentido dessas afirmações será exposto no parágrafo subsequente.

As finalidades a serem alcançadas em relação à fé em Deus

O primeiro aspecto que exige explicação diz respeito à finalidade que se busca alcançar ao se falar da fé no único Deus verdadeiro. Efetivamente, a esse respeito, existem consideráveis preconceitos. Muitas pessoas pensam que o problema concerne essencialmente às convicções (ou opiniões) acerca da existência de Deus, ao passo que, na realidade, é a relação pessoal com Deus que o Evangelho exige que se instaure.

A finalidade não está no âmbito dos conhecimentos teóricos e das crenças

Muitos cristãos contemporâneos encontram certa dificuldade quando se diz que o primeiro passo do Evangelho consiste no "crer *no* único Deus verdadeiro". A di-

---

2   SACRA CONGREGATIO DE PROPAGANDA FIDE. *Monita ad missionarios* (1659). Hong Kong: Typis Societatis Missionum ad Exteros, 1930. cap. V.

3   Cf. VAN DER MEERSCH, J. *Le catéchuménat au Rwanda de 1900 à nos jours. Étude historique et pastorale*. Kigali: [s.e.], 1993. p. 63-83.

ficuldade está ligada ao fato de, na linguagem do nosso tempo, usar-se quase sempre a expressão "crer que". Por exemplo: creio que, de alguma forma, deve existir Alguma coisa! Creio que Deus existe. Estamos explicitamente no espaço das crenças, as quais, por si mesmas, não mudam nossa vida.

A dificuldade típica diz respeito ao grau de certeza ou de dúvida com que se considera verdadeira ou verossímil a afirmação de que Deus existe. Nos levantamentos experimentais, as pessoas são amiúde catalogadas de acordo com o grau de certeza ou de dúvida com que afirmam que Deus existe.

Nesse contexto a preocupação de muita catequese e de muitos sacerdotes e leigos cristãos é a de sanar incerteza acerca da existência de Deus, recorrendo à Filosofia e especificamente às provas filosóficas da existência de Deus (às de Tomás de Aquino).

Ora, uma coisa é certa:

> A verdade da fé cristã em Deus e a certeza da fé contida nela não deriva da filosofia. Seria errado pensar que a fé cristã em Deus depende radicalmente da possibilidade ou impossibilidade de demonstrar filosoficamente a existência de Deus. Os grandes heróis da fé, que são apontados no famoso capítulo 11 da Carta aos Hebreus, ou seja, Abel, Abraão, Isaac e Jacó, Moisés, Davi, Samuel e os profetas, certamente não chegaram à fé partindo da filosofia, e a convicção de sua fé não era baseada em argumentação filosófica.[4]

Por outro lado, na prática, a maior parte das pessoas que se encontram em um contexto de primeiro anúncio da fé tem alguma consciência da existência de Deus e acredita que Deus existe. Aliás, na maioria das vezes tais pessoas estão à procura de Deus.

---

[4] DONDEYNE, A. God in het leven van de moderne mens. In: DONDEYNE, A.; VERGOTE, A. et alii. *Grondvragen van de gelovige mens. Antwerpse theologische studieweek 1967.* Antwerpen: Patmos, 1969. p. 26-27.

Começar a ter uma relação pessoal de confiança e de amor para com Deus

No primeiro passo do Evangelho, o fim a ser alcançado, antes de mais nada, diz respeito à relação pessoal de confiança e de amor para com Deus. Isso já está indicado no título desta parte: "a fé no único verdadeiro Deus".

A partir dos textos do Novo Testamento, evidencia-se que já naquela época existia uma consciência sólida e nítida da finalidade do anúncio evangélico. Na oração sacerdotal de Jesus encontra-se a seguinte formulação lapidar: "Esta é a vida eterna: que conheçam a ti, o Deus único e verdadeiro, e a Jesus Cristo, aquele que enviaste" (Jo 17,3).

Observemos imediatamente, a fim de evitar mal-entendidos, que este "conhecer", no sentido bíblico, significa viver um relacionamento pessoal com Deus, uma relação de confiança e de amor. Portanto, aproxima-se bastante de "crer em Deus" ou "confiar em Deus". No texto citado também se afirma claramente que a vida eterna do ser humano depende da aceitação e da prática dessa relação com o único Deus verdadeiro e com aquele que ele enviou, Jesus Cristo.

Com o fito de conferir maior concreção a esta finalidade que se pretende atingir com o testemunho evangélico no âmbito do relacionamento pessoal com o único Deus verdadeiro, poder-se-ia dizer também que o não cristão, como primeiro passo no caminho do Evangelho, é convidado a entrar na perspectiva do Primeiro Mandamento. Dois textos bíblicos ilustram-no mui claramente. O primeiro é o conhecido texto de acordo com a esplêndida formulação do *Deuteronômio*: "Ouve, Israel! O Senhor nosso Deus é o único Senhor. Amarás o Senhor teu Deus com todo o teu coração, com toda a tua alma e com todas as tuas forças" (Dt 6,4-5).

Como segunda referência, vale a indicação de Jesus a um fariseu, doutor da Lei, que o interrogava sobre o mandamento mais importante (Mt 22,34-40; cf. Mc 12,28-34, Lc 10,25-28).

Esclarecimento sobre a expressão "crer em Deus"

Que significa efetivamente a expressão "crer *em* Deus"? É uma expressão que todos os comentários ao Credo apostólico e muitos tratados sobre a fé focalizam, mas sem ligá-la diretamente à finalidade e ao conteúdo do primeiro anúncio do Evangelho.

Quando o Cristianismo fala de "fé *em* Deus", ou de "fé *no* único Deus verdadeiro", está defendendo que não basta a simples afirmação intelectual de que Deus existe. Não é apenas o fato de afirmar ou de pensar, com maior ou menor certeza, que Deus existe. A tarefa primária para o homem que crê (sem a qual, aliás, dificilmente poderia chamar-se de "homem de fé" ou "crente") consiste em viver um relacionamento de confiança, ou seja, de fé (*fides qua**) em Deus, com vista à salvação ou à vida eterna.

Tal forma de ver está em contraste com uma práxis catequética que vê a fé prevalentemente em relação a verdades de fé ou doutrina cristã (*fides quae***). O fato de a fé chegar a Deus não acontece automática ou predominantemente do estudo das definições dogmáticas. Via de regra, o conhecimento intelectual não gera aquela fé em Deus mediante a qual uma pessoa humana se empenha numa relação de confiança e de amor para com Deus. Em última análise, é um dom de Deus.

O problema central é o crer em Deus, no sentido de viver uma relação pessoal com o Deus pessoal, um relacionamento de confiança absoluta e de amor. Em um livro recente, A. Vergote focaliza fortemente este significado diferente do "crer *em* Deus":

> [...] percebe-se imediatamente a diferença entre estas expressões e o que o crente declara quando confessa: "Eu creio em Deus". O crente usa uma linguagem diversa daquela concernente às afirmações teóricas. Ele realiza uma ação linguística na qual se vincula a Deus, com a confiança da fé em um Deus

---

*   *Fides qua creditur:* "a fé pela qual se acredita", a fé pessoal que compreende. (N.T.)

** *Fides quae creditur:* "a fé que é acreditada", o conteúdo da fé. (N.T.)

que já se revelou e se comprometeu com ele. Encontramo-nos no âmbito da aliança, que é o âmbito do amor e da confiança razoável. A certeza e suas graduações caracterizam o princípio do saber teórico. Na relação pessoal existe igualmente uma verdade: mas esta é de ordem completamente distinta. É preciso primeiramente dar confiança para poder ver a verdade que alguém afirma, pois se não se lhe dá confiança, o outro não mostra o que ele é.[5]

O confiar-se a Deus não é um ato cego e desprovido de bom senso

Contudo a fé em Deus, o fato de confiar-se a Deus, não deve ser entendido como uma espécie de atitude puramente volitiva, emotiva ou sentimental, sem que haja, na própria experiência, indicações que pareçam apoiar e motivar tal confiança.

Certamente, sobretudo na experiência com Jesus de Nazaré é que os primeiros cristãos encontraram a motivação principal para acreditar em Deus, tal qual se revelou em Jesus Cristo.

Por outro lado, o fato de ter confiança em Deus anda *pari passu* com uma determinada ideia de Deus. Tal atitude de confiança absoluta em Deus está inseparavelmente ligada à determinada verdade e, portanto, a conteúdos dogmáticos que apoiam a confiança nele.

Mas também, antes de encontrar explicitamente Jesus Cristo e os testemunhos concernentes aos grandes fatos salvíficos que Deus realiza por meio de Jesus Cristo, é importante, no âmbito do primeiro anúncio do Evangelho, prestar a devida atenção ao fato de que justamente certa experiência humana traz elementos com os quais a fé em Deus é, de alguma maneira, motivada. Com certeza muitos dos candidatos já fizeram uma ou outra dessas experiências.

Algumas experiências fundamentais e constitutivas da nossa existência humana parecem ir na direção do Deus bí-

---

[5] VERGOTE, A. Modernité et christianisme. *Interrogations critiques réciproques*. Paris: Cerf, 1999. p. 188.

blico, como mistério pessoal, mistério de verdade e de amor, de reconciliação e de salvação. Pergunta-se A. Dondeyne:

> Efetivamente, será que jamais o Cristianismo poderia adquirir o significado de uma mensagem que realiza a salvação da parte de Deus se em nossa experiência não houvesse o mínimo desejo de salvação, de redenção, de conversão, nem reenvio algum à misteriosa realidade que está contida na palavra "Deus"?[6]

De acordo com o caso, poder-se-á chamar a atenção para o fato de que existem, em nossa experiência,

> determinados traços essenciais ou dimensões essenciais que indicam que nós não temos, por nós mesmos, "o *viver*, o *mover* e o *ser*"; em outras palavras, que o último fundamento que constitui o sentido daquilo que constitui precisamente o homem como ser humano, ou seja, sua autonomia, a sua inesgotável criatividade, a sua ilimitada abertura para o verdadeiro, o bom, o belo, não deve ser buscada no próprio homem finito, nem em seu mundo vivido, nem na matéria primigênia evolutiva, da qual foram formados o homem e seu mundo.[7]

No primeiro anúncio cristão a preocupação não deve ser se esses traços podem ser transformados em uma prova rigorosa da existência de Deus, visto que, para o acesso à fé, isso não é importante para o momento.

> A coisa mais importante é que sejam vistos como outras tantas indicações, indícios, sinais que nos convidam a considerar o último fundamento da existência no sentido do pensamento bíblico acerca da divindade, no qual a divindade é pensada como um Deus vivente, um mistério de palavra, de Amor, de Bondade.[8]

No primeiro anúncio, tudo isso permanecerá no nível das temáticas centrais da fé cristã. No tempo do catecumenato haverá ocasião para esclarecer muitos desses aspectos.

---

[6] DONDEYNE, *God in het leven van de moderne mens*, 1970. p. 28.
[7] Ibid., p. 29.
[8] Ibid.

Os conteúdos do testemunho concernente ao único Deus verdadeiro

A fé no único Deus verdadeiro, proposta no primeiro anúncio do Evangelho, não é uma fé sem conteúdo. Do contrário a fé não seria outra coisa senão puro sentimento de confiança absolutamente cega e sem fundamento.

O apelo a colocar Deus no centro da vida é inseparável da confissão do único Deus verdadeiro, criador do céu e da terra (*fides quae*). Toda evangelização conhece o significado desta confissão na formulação que recebeu no Creio apostólico ou profissão de fé batismal.

Aspectos conteudísticos que devem caracterizar o testemunho da fé no único Deus verdadeiro

O primeiro conteúdo desta fé que é proposta ao não cristão é que Deus é a origem e o destino de toda criatura, que ele tem tudo em suas mãos, é criador de tudo. A primeira frase do Creio apostólico (fórmula longa) é rica de expressões repetitivas, que reforçam, com palavras diferentes, o mesmo conceito.

Este Deus, com o qual todo ser humano está convidado a instituir um relacionamento pessoal, não é um vazio sagrado, uma dimensão misteriosa ou realidade divina, uma força natural personificada. Ele é um Deus pessoal, absolutamente único, do qual tudo se origina e nele encontrará sua vocação e destino últimos.

Em relação ao pluralismo religioso dominante, dever-se-á dizer, também, no primeiro anúncio, que o único Deus verdadeiro não é um *primus inter pares* [primeiro entre iguais], não é o chefe das divindades ou das forças divinizadas da natureza, não é o Deus protetor de um clã ou etnia, contraposto às divindades de outros clãs ou povos. Ele é absolutamente transcendente, único e, portanto, também radicalmente diferente de todo o resto das criaturas. Ao lado dele não existe outro Deus.

A fé no único Deus verdadeiro implica também, imediatamente, que se deve tomar distância do culto aos ídolos ou às forças personificadas da natureza (por exemplo: na África, da atenção predominante aos espíritos), a fim de tornar-se adoradores de Deus em espírito e verdade.

Esses conteúdos devem ser indicados no primeiro anúncio. É preciso lembrar, porém, que o objetivo primário não é o de enriquecer os conhecimentos dogmáticos dos ouvintes, mas o de oferecer as motivações fundamentais que convidam a ter uma confiança radical e segurança em relação ao único Deus verdadeiro. O aprofundamento dos aspectos dogmáticos acontecerá na catequese do catecumenato e, mais tarde, na vida cristã, em outras formas de catequese e de teologia.

A proposta da fé no único Deus verdadeiro no discurso de Paulo em Atenas

Contudo pode ser interessante considerar, por alguns instantes, um exemplo clássico nesta matéria, oferecido pelo capítulo 17 dos Atos dos Apóstolos. No discurso de Atenas, de acordo com a recomposição ou construção de Lucas, Paulo contrapõe sua confissão do único Deus verdadeiro às diversas divindades. No entanto essa confissão é formulada de maneira a negar alguns dos pilares do politeísmo. Paulo defende substancialmente três verdades respeitantes a Deus:[9] 1º) Deus é o criador de tudo. 2º) Deus não habita em casas ou templos feitos pela mão do homem. 3º) Deus não precisa de sacrifícios da parte dos seres humanos.

É óbvio que tudo isso contrasta criticamente com as ideias correntes, e o ouvinte compreende que está em jogo uma relativização radical dos cultos religiosos existentes. Está emergindo algo fundamentalmente novo.

L. Grollenberg enfatiza que Paulo diz também três coisas que dizem respeito mais diretamente ao ser humano: 1º) Este único Deus fez nascer todos os seres humanos de um único progenitor (pensamento que antecipa o papel único de Cristo para toda a humanidade). 2º) Deus fez a terra e a natureza para o bem e para a felicidade do ser humano.

---

[9] Cf. GROLLENBERG, L. *Die moeilijke Paulus*. Baarn: Bosch & Keuning, 1997. p. 72.

3º) Sua intenção, em tudo isso, é levar as pessoas a buscá-lo e também a encontrá-lo. Deus não está longe do ser humano. Cita poetas gregos, a fim de sublinhar que existe afinidade entre Deus e o ser humano. Tal familiaridade com Deus é ignorada e violada por aqueles que adoram os simulacros e as estátuas de divindades que não existem.

Critérios diversos para situar o testemunho da fé no único Deus verdadeiro

Certamente, não é possível prefixar, de acordo com uma grade programada, as modalidades concretas com as quais o cristão ou o evangelizador, no colóquio com as pessoas, individualmente, dará seu testemunho a respeito do único Deus verdadeiro, criador do céu e da terra. Por outro lado, a proposta do Evangelho está sempre vinculada a esquema e conteúdos que são atestados no Novo Testamento. Ninguém pode inventar ou modificar arbitrariamente o anúncio da fé no único Deus verdadeiro.

Limitamo-nos a indicar algumas pistas ou critérios que, de acordo com o caso, podem servir para propor o testemunho no que diz respeito à fé no único Deus verdadeiro.

O apelo para colocar a fé em Deus no centro da vida

A primeira pista seguida coloca fortemente a ênfase no apelo a situar a fé em Deus no centro da vida, saindo da situação de esquecimento e de adiamento.

O "esquecimento de Deus" e o "adiamento" em levar a sério a relação com o Deus vivo são uma atitude muito antiga, com testemunhos longínquos na história religiosa de Israel. Os autores dos Salmos (por exemplo: Sl 49; Sl 73) já se lamentam. Hoje, muita gente vive na atitude do "adiamento": a religião é algo de que se ocuparão mais tarde, na velhice. Por enquanto existem tarefas mais urgentes e mais importantes. Com efeito, diversas pessoas que têm até mesmo alguma fé em Deus agem de acordo com o modelo do profissional, do comerciante etc., que fazem uma lista de todas as coisas que não conseguem fazer hoje, mas que farão mais tarde, quando se aposentarem.

No ensinamento de Jesus, o "adiamento" é muitas vezes repreendido também mediante parábolas imortais, como a do convite ao banquete de núpcias (Mt 22,1-14), ou a do homem que pretende acomodar-se com a renda obtida da colheita abundante de suas terras (Lc 12,16-21), ou nas diversas parábolas sobre a vigilância (Mc 13,33-37; Mt 25,1-13). A ação de Jesus inspira-se radicalmente na certeza de que o crer no Deus vivo, o levar absolutamente a sério o relacionamento de fé, de amor e de esperança para com o único Deus verdadeiro não é "opcional" para o ser humano, mas é o fundamento mesmo de sua vida e única garantia da participação na Vida eterna com Deus. O centro de tudo é o mistério de Deus, não o ser humano. Portanto, tem também uma urgência fundamental na vida de cada um.

A situação encontrada por Jesus há cerca de dois mil anos, num rincão perdido da terra, de qualquer modo parece encontrar confirmação em muitos dos nossos contemporâneos, até mesmo entre os batizados. Para muitas pessoas, a fé em Deus parece ter escassa incidência na impostação real da vida. Grosso modo, vivem como se Deus não existisse ou, seja como for, como se a fé em Deus não tivesse importância para o estilo de vida. Por certo tais pessoas não são contrárias a Deus, não o negam, não o desprezam, não são radicalmente ignorantes a respeito de Deus. Simplesmente não cultivam a relação de louvor, de gratidão, de adoração, de agradecimento, de amor, de reconciliação... como atitudes e ações fundamentais da vida. Não há tempo nem espaço para Deus em uma vida fortemente absorta por tantas tarefas e incumbências profissionais, familiares, de urgência e utilidade imediatas: todas são realidades às quais não se pode negar certa nobreza e grandeza para a realização da existência humana.

Na linguagem do Novo Testamento, o testemunho do único Deus verdadeiro contém também um apelo e, ao mesmo tempo, uma ajuda eficaz, a fim de conceder a Deus um lugar vital, aliás, o lugar central na vida humana, e assumir, em relação a ele, aquela atitude fundamental de "amar a Deus sobre todas as coisas e o próximo como a si mesmo". Esse é, precisamente, o significado que está por trás da expressão bíblica "conhecer a Deus", conhecer o único Deus verdadeiro.

É claro que o apelo urgente a levar a sério o relacionamento com o Deus vivo e a traduzi-lo na concretude da vida, com uma profunda transformação do coração e do agir, não está confinado somente ao primeiro anúncio. Trata-se de um apelo permanente, que polariza a existência cristã por inteiro.

No mundo ocidental, onde não apenas as pessoas, individualmente, se esquecem de Deus, mas o ambiente secularizado favorece muito a apatia em relação ao problema, é importante que a Igreja, o grupo dos cristãos, não se limite a lembrar aos indivíduos a importância do problema de Deus. Por fidelidade ao mesmo Evangelho, os cristãos são chamados a ser também uma espécie de voz profética, uma voz pública, que faz perceber a importância e a centralidade absoluta da fé em Deus. A chamada à centralidade da fé em Deus, de acordo com o exemplo do próprio Jesus Cristo, deveria aparecer bem mais explicitamente como finalidade prioritária do agir da Igreja em relação ao social, ao político, ao cultural, ao ético...

Busca de Deus e abertura progressiva ao grande mistério do único Deus verdadeiro

O capítulo 17 de Atos sugere até mesmo duas sugestões ou chaves que parecem importantes para o anúncio do Evangelho hoje, particularmente para abrir-se ao mistério do único Deus verdadeiro, criador do céu e da terra, que é benévolo em relação ao ser humano.

O primeiro tema é o da "ignorância" do verdadeiro Deus. Um vago conhecimento de Deus está presente em meio ao pluralismo religioso difuso por toda parte. Paulo evoca-a quase simbolicamente mediante a alusão ao templinho, humilde e oculto, dedicado "ao Deus desconhecido"[10].

---

[10] Como cristãos católicos, damos muita importância ao fato de alguma fé estar presente nas pessoas também lá onde ainda não entraram em contato com a revelação de Deus em Jesus Cristo. O Concílio Vaticano I dedicou um longo capítulo ao problema, também para de-

A segunda sugestão, não menos importante, é a da busca de Deus. A situação do paganismo, por um lado ("Nas gerações passadas, Deus permitiu que todas as nações seguissem seu próprio caminho" – At 14,16), a experiência dos benefícios de Deus, através da criação, por outro lado, são uma situação querida pelo próprio Deus, com a finalidade de que o ser humano entre em uma atitude e em um processo de busca do verdadeiro rosto de Deus. Busca, aliás, bem rudimentar ("Assim fez, para que buscassem a Deus e, talvez às apalpadelas, o encontrassem, a ele que na realidade não está longe de cada um de nós" – At 17,27), que não mostra grande êxito e é quase como uma situação de espera que este grande e misterioso Deus se apresente por iniciativa própria a fim de dar-se a conhecer.

Aludindo a essa situação, Paulo passa ao seu testemunho do único Deus verdadeiro, criador do céu e da terra.

Algumas dificuldades para a fé no único Deus verdadeiro

No primeiro anúncio do Evangelho existe um forte contraste entre a relativa facilidade e clareza do testemunho concernente à fé no único Deus verdadeiro, de um lado e, de outro, o fatigoso caminho que o não cristão deve amiúde percorrer antes de conseguir entrar nessa perspectiva. Tais dificuldades são de várias naturezas. A primeira é quase congênita ao próprio ser humano e se verifica em todas as partes do mundo. As demais estão ligadas de modo particular à cultura ocidental.

Começar o relacionamento de fé em Deus é um árduo caminho

A dificuldade da fé em Deus depende, obviamente, do fato de que, na primeira evangelização, não se trata simples-

---

sautorizar o crescente fideísmo. A prática de Jesus, nos Evangelhos, é todo um apelo a levar a sério a fé no único Deus. Cf. CONCÍLIO VATICANO I. Constituição dogmática *Dei Filius*. cap. IV: A fé e a razão, nn. 3015-3020. In: DENZIGER, H.; HÜNERMANN, P. *Compêndio dos símbolos, definições e declarações de fé e moral*. São Paulo: Paulinas-Loyola, 2007.

mente de considerar "verdadeira" uma afirmação teológica, mas sim de entrar nesse relacionamento pessoal com Deus, o qual exige uma mudança fundamental de perspectiva e de impostação da vida.

Portanto o anúncio da palavra evangélica exige daquele que dá esse testemunho a disponibilidade de acompanhar e de ajudar a pessoa que demonstra abertura para o Evangelho. Não basta proclamar ou testemunhar uma única vez essa fé no único Deus. Será preciso também ajudar a eliminar e a superar os obstáculos que esta fé encontra. É preciso estar dispostos a percorrer, com as pessoas sensíveis e interessadas, um trecho do caminho, mais ou menos longo, mais ou menos árduo, como fez o próprio Jesus Cristo ao longo da estrada de Emaús. O anúncio evangélico não é uma proclamação que dura o tempo de uma homilia, mas é, muitas vezes, um longo caminho (simbolicamente: de Jerusalém a Emaús).

A Bíblia do Antigo Testamento ilustra, de modo dramático, que não é simples viver e pensar na perspectiva do monoteísmo bíblico. Os profetas sempre tiveram de tornar a chamar seus contemporâneos a essa fé, que não era praticada espontaneamente. A fé monoteística não concordava espontaneamente com os modos de viver e de sentir das pessoas. Muitas vezes foi abandonada no curso da história de Israel. Essa dificuldade está ligada, sem dúvida, à alteridade de Deus: Deus não pensa e não age de acordo com a lógica quotidiana do homem histórico.[11]

Seria ilusão pensar que, depois da vinda de Cristo e sob o influxo de séculos de Cristianismo, essas grandes e profundas dificuldades do ser humano com o monoteísmo tenham simplesmente desaparecido. O homem de hoje não é substancialmente diferente em relação ao homem bíblico no que diz respeito à dificuldade de viver na perspectiva do monoteísmo. De qualquer maneira, o monoteísmo bíblico não

---

[11] Cf. FORTE, B. *Trinità come storia. Saggi sul Dio cristiano*. Cinisello Balsamo: Edizioni Paoline, 1985. [Trad. bras.: *A Trindade como história; ensaio sobre o Deus cristão*. São Paulo: Paulus, 1987.] PESCH, O. H. *Conoscere Dio oggi*. Brescia: Queriniana, 1985. KASPER, W. *Il Dio di Gesù Cristo*. 3. ed. Brescia: Queriniana, 1987.

parece uma atitude que se verifique hoje, espontaneamente, na maior parte das pessoas. Se ele existe, é sempre em consequência de um longo processo de purificação crítica, ou seja, de revelação, de graça e de conversão.

Tanto para o cristão como para o judeu, é importante permanecer conscientes da grande novidade do monoteísmo e da profunda repercussão dessa fé sobre a atitude fundamental diante de Deus. O monoteísmo é incômodo e exigente.

Não é difícil perceber que também no âmbito das comunidades cristãs, em uma Igreja que pretenda recuperar seu potencial de evangelização, a imagem global da prática cristã deveria oferecer a nítida percepção da centralidade radical de Deus na vida humana. Do contrário, não educa para as difíceis exigências do monoteísmo bíblico.

As principais dificuldades da fé em Deus no mundo ocidental

Concretamente, a primeira dificuldade para chegar à fé no Deus de Jesus Cristo, talvez também a maior para o homem ocidental, hoje, constitui-se da vaga e indeterminada religiosidade que parece tão congênita ao ser humano e exprime, de alguma forma, sua *anima naturaliter pagana* ["alma pagã por natureza"]. O que realmente causa problema é sair desse tipo de religiosidade pagã e pluralista para viver em relação de consciência e de amor (único e exclusivo) com este grande e único Deus.

O espetáculo e a difusão atuais da neorreligiosidade parece justamente confirmar que, tudo somado, o homem moderno, imbuído de ciência e de tecnologia, mas desiludido pela excessiva racionalidade, utilidade e funcionalidade da cultura, não sente mais grande desconforto diante dessa vaga religiosidade imanente no mundo. Constata-se, em todo lugar, na volta da religiosidade pagã ou pluralista: religiosidade que foi definida justamente como "religiosidade sem Deus e sem fé".[12] Aquele sagrado imanente, aquele vago

---

[12] Pode-se remeter ao importante número temático da revista *Esprit*: SCHLEGEL, J.-L. et alii. Le temps des religions sans Dieu. *Esprit* 233 (1997) 4-327. Veja-se, igualmente: RONDET, M. Spiritualités hors frontières. *Études*, tome 38/2 (1997) 231-238.

divino imanente ao mundo e ao ser humano não assusta, não incomoda e não exige rever radicalmente as próprias atitudes e o próprio modo de ver.

Uma segunda dificuldade para a fé no único Deus, tal qual proposta pelo Evangelho, é a percepção de que essa fé é demasiado comprometedora e exigente, sobretudo quanto ao que se refere ao amor de Deus, à prática ética e ao amor do próximo. Em resumo: na mentalidade mercadológica ocidental é muito mais fácil e tranquilizador o cumprimento de alguns atos cultuais, livremente escolhidos no contexto do pluralismo religioso. Ou, então, faz-se quanto está prescrito legalmente e, quanto ao mais, tudo é justaposto. Ao contrário, a fé no único Deus exige o compromisso fundamental do amor de Deus e do próximo e, portanto, não tem uma medida taxativamente delimitada. A. Vergote enfatizou, com precisão, que a fé monoteísta não é uma afirmação intelectual neutra, mas traz em si consequências que vão muito longe e incidem fortemente sobre o comportamento humano.[13]

Existe, ademais, uma terceira dificuldade para a fé no único Deus, bastante típica para a situação ocidental atual. Toda a nossa estrutura de pensamento e de mundivisão está orientada para o que é "universal". Temos sempre a impressão de não conhecer uma realidade se não conseguimos colocá-la em uma estrutura geral ou universal. Este esquema é transferido também para o problema da religião ou das religiões. Parece quase congênita à mentalidade moderna o pensar todas as religiões e todas as formas de fé como simples variantes da mesma realidade, sem diferença radical entre elas. Todas as religiões seriam iguais. Em consequência, o muito falar em diálogo inter-religioso, em ensinamento igualitário de todas as religiões, sem privilegiar nenhuma.

Ora, o fato de o Deus de Jesus Cristo ser particular e único e exigir, portanto, uma relação pessoal com ele, mar-

---

[13] Cf. VERGOTE, A. De huidige geloofssituatie. Een godsdienstpsychologische belichting. *Collationes* 18 (1988) 281. Cf. também: SCHLETTE, H. R. Monoteismo. In: RAHNER, K. (ed.). *Sacramentum mundi*. Brescia: Morcelliana, 1976. v. 5, col. 505-508.

cada por adoração, fé, amor e esperança..., não combina, de fato, com o sentimento universalista e relativista ocidental.

Uma quarta dificuldade é constituída pela absoluta transcendência de Deus, que se encontra mediante a revelação e a fé. Muitas pessoas têm medo de parecer ridículas ao comprometer-se com tal fé, que não parece defensável perante uma visão científica da realidade. Ou ainda: têm a nítida impressão de que, em relação aos grandes valores que governam a existência concreta, tais como a ciência, a tecnologia, a economia, o útil, o consumismo..., a fé em Deus não é relevante. Revelação e fé, sem possibilidade de verificar experimentalmente a fundamentação: eis a grande dúvida do homem ocidental moderno. Tem-se sempre o medo de que esta fé seja inconsistente, ilusão ou projeção, seja como for, não compatível com uma postura científica.

Portanto, muitas vezes acontece que, depois do testemunho respeitante ao Único Deus verdadeiro, o ouvinte manifesta o mal-estar que experimenta, ou a luta interior que o coloca entre o desejo de abrir-se a Deus e o medo de parecer ridículo diante da cultura moderna.

Ainda é utilizável a tradicional "apologética missionária"?

Duas atitudes parecem decisivamente equivocadas quando se trata de propor a mensagem evangélica aos não cristãos: de um lado, reduzir o primeiro anúncio a uma espécie de apologética racional sobre o único Deus e a verdadeira religião, como se os dados essenciais da revelação cristã pudessem também ser demonstrados e conquistados com a razão filosófica; por outro lado, o abandono de toda forma de apologética, com o risco muito real de fideísmo e de fundamentalismo.[14]

Na tradição católica da primeira evangelização, sempre se procurou demonstrar que esta fé no único Deus verdadei-

---

[14] Observamos, a fim de evitar mal-entendidos, que o problema é considerado aqui unicamente em relação ao primeiro anúncio do Evangelho aos não cristãos, e não pretende dizer algo no nível dos tratados teológicos e de seus problemas específicos.

ro, no grande Deus bíblico, não é infundada, mas apresenta sólidas articulações com as melhores experiências de nossa vida humana. Isso parece particularmente importante para o homem de hoje.

Para não falar de forma abstrata, indicamos, antes de mais nada, como este aspeto apologético era concebido e praticado na atividade missionária durante a época moderna. Vejamos, então, como poderia ser realizado, hoje, em um tempo no qual até mesmo a apologética é antipática e soa mal.

Um olhar sobre as diretrizes "tradicionais" para os missionários

Existe um célebre documento que, por muitos séculos, exerceu, grosso modo, a função de diretrizes e orientações mais ou menos oficiais em matéria de primeiro anúncio do Evangelho. Trata-se das *Monita ad missionarios* (*Diretrizes para os missionários*; o original remonta a 1659), publicado pela Congregação da Propaganda da Fé (atualmente Congregação para a Evangelização dos Povos). Embora manifestamente marcado pelo tempo e pelo espaço (as missões do Oriente), estas *monita* ou advertências/diretrizes merecem alguma atenção.

No capítulo V, que diz respeito precisamente à evangelização, são indicadas cinco temáticas fundamentais que exprimem, ao mesmo tempo, finalidades que se deveriam alcançar nesta primeira parte do anúncio evangélico. Constituem, de alguma maneira, a assim chamada "apologética missionária" (expressão hoje completamente abandonada). Mencionemo-las brevemente.

> 1º) A existência do único Deus, que é benéfico, providente, como um pai, que com amor paterno governa e com infinita sabedoria regula o que diz respeito ao homem.
>
> 2º) A imortalidade da alma, ou seja, a impossibilidade de aceitar que a vida do homem que vive bem e religiosamente termine no nada, exatamente como a do estulto. Pode-se remeter à consideração de Eclesiastes 2,15: "Por isso, disse no meu coração: 'Se o fim do insensato e o meu será o mesmo, que me aproveita o ter-me aplicado mais à sabedoria?'".

3º) A bem-aventurança não é desta vida, e a verdadeira religião indica o caminho para alcançá-la.

4º) O homem não é capaz de alcançar a bem-aventurança com as próprias forças ou com o auxílio de qualquer das realidades criadas, mas unicamente com a ajuda de Deus. "Somente aquele que criou o homem pode torná-lo bem-aventurado", de acordo com a palavra de Santo Agostinho.

5º) Por fim, com a ajuda de Deus, o homem deve dedicar-se com grande zelo à consecução da bem-aventurança. Com efeito, se o homem não precisasse empenhar-se valorosamente a fim de lograr a felicidade, que vantagem lhe traria a religião que prescreve os meios que são necessários para que chegue à bem-aventurança?[15]

No que diz respeito à África, pode-se indicar brevemente a instrução de Monsenhor Lavigerie, em 1878, para os primeiros missionários de Uganda:

> É precisa falar-lhe de religião, começando pelas grandes verdades que são acessíveis ao espírito de todos os homens e que São Paulo definiu dizendo: "Ora, sem a fé é impossível agradar a Deus, pois quem dele se aproxima deve crer que ele existe e recompensa os que o procuram" (Hb 11,6). A existência de Deus, os castigos e as recompensas devem, portanto, preceder qualquer outro discurso. Em seguida, a eles se falará de Cristo...[16]

O que o missionário não deveria fazer

No mesmo parágrafo do capítulo V das *Monita ad missionarios* chama-se também a atenção para o que o missionário não deveria fazer no primeiro anúncio do Evangelho. Por exemplo: 1º) é preciso tomar distância das argumentações sutis dos teólogos sobre a verdadeira religião e ater-se, antes, às considerações de bom senso que valem em meio às pessoas comuns; 2º) é melhor não querer demonstrar demasiadamente, mas ter confiança em que a graça de Deus age

---

[15] SACRA CONGREGATIO DE PROPAGANDA FIDE, *Monita ad missionarios* (1659), p. 42-43.

[16] Citado por: MEERSCH, *Le catéchuménat au Rwanda*, p. 64-65.

no coração dos ouvintes; 3º) evitar dar a impressão de que se vem a dizer coisas absolutamente novas a respeito de Deus, mas, acima de tudo, sublinhar que as melhores expressões do pensamento deles e da religião deles já apontam na direção do único Deus verdadeiro; 4º) evitar suscitar objeções e dificuldades que não são apresentadas pelas pessoas às quais se dirige o anúncio evangélico, a fim de não tornar inutilmente problemática uma fé que talvez já está confiantemente presente.

Outras finalidades, indicadas e ilustradas nas *Monita ad missionarios* dizem respeito ao verdadeiro culto. Os missionários são aconselhados a esclarecer que Deus não exige o culto religioso pela vantagem que ele próprio poderia obter com isso, mas sim pelo fato de que é de importância vital para o ser humano.

Aspectos apologéticos que são significativos também hoje

Apontamos algumas considerações que no mundo ocidental, conforme a problemática concreta das pessoas, podem ter uma função apologética muito ampla e geral.

1º) É importante, como primeiro passo, reforçar a insatisfação dos interlocutores, a qual os levou a procurar algo mais, e sua recusa da mera racionalidade, do útil acima de tudo, do consumismo como felicidade. O que muitas dessas pessoas intuíram ou conquistaram claramente como convicção radical, em sua experiência, é que o ser humano não vive somente de pão.

2º) Em segundo lugar, as "profecias ideológicas" (defendidas antigamente também pela Sociologia) sobre a futura sociedade sem religião foram clamorosamente desmentidas pelos fatos. Vivendo de acordo com os cânones da cultura racional e tecnológica do Ocidente, a experiência amarga de muita gente descobriu sua limitação e insuficiência: pode conceder o bem-estar, mas não pode oferecer um remédio para a sede profunda de amor e de Vida que existe em cada ser humano, e que a morte parece apagar para sempre. Muitas pessoas redescobriram, pelo menos como rejeição da excessiva racionalidade, diversos aspectos de interioridade, de espiritualidade, de sagrado, de fé religiosa em Deus, que conferem precisamente importância e esperança às grandes dimensões do ser humano que são ignoradas pela civilização moderna.

De modo específico, percebe-se que as realidades mais profundas, mais constitutivas de nossa existência, escapam, por princípio, à explicação racional-científica, e as intervenções científicas e tecnológicas nada podem nesse campo.

3º) Em terceiro lugar, as pessoas que se empenham em viver eticamente, no amor e no serviço aos outros, não podem acreditar que tudo isso se acabe definitivamente com a morte e que, no final das contas, não exista nenhuma diferença entre o criminoso e a pessoa boa e virtuosa.

4º) Em quarto lugar, é sempre importante refletir sobre o fato de o postulado de uma explicação puramente racional e científica de toda a realidade ser uma presunção infundada e contradita pela própria existência das ciências. Com efeito, nos principais âmbitos da vida, concretamente nas Ciências, na Filosofia, na Religião, procede-se sempre a partir da base de um tipo de "confiança originária", que não se consegue jamais justificar adequadamente e tornar inteiramente verdadeira no plano dos fatos, ainda que alguns progressos nessa direção sejam visíveis. A Filosofia vive graças à confiança de que a razão/inteligência é capaz de penetrar a realidade, a fim de desvelar e compreender gradualmente suas articulações. Todas as ciências vivem da confiança em que o real se presta a uma interpretação racional e lógica.[17] De igual modo, o homem religioso vive na confiança originária de que tudo, em algum lugar, deve ter um centro e um destino que dá um sentido final e acabado a tudo. E que sua cansativa procura, portanto, na insatisfação e na escuridão, um dia encontrará a luz.

---

[17] Cf. VERGOTE, A. Filosofisch geloof, religieus geloof. *Tijdschrift voor filosofie* 61/2 (1999) 219: "A filosofia é movida por uma confiança fundamental, a qual jamais conseguirá justificar e tornar plenamente verdadeira. Tem esta característica em comum com a pesquisa científica, pois tal pesquisa é sempre um empreendimento fatigoso, que exige paciência tenaz e confiança".

Reflexões análogas, facilmente adaptáveis ao contexto concreto das pessoas com as quais se entra em um diálogo ou colóquio aberto, respeitoso e construtivo, podem fazer perceber que a fé no grande Deus transcendente não é infundada, e que as experiências mais sérias e profundas da nossa vida parecem orientar a busca de plenitude e de vida naquela direção.

A crítica dos ídolos e da idolatria

As pessoas às quais Paulo se dirigia eram, de modo geral, muito religiosas (devotas, supersticiosas, politeístas, conformistas etc., seja como for, acostumadas a um notável pluralismo religioso). A prática religiosa deles não era dominada pela fé no único Deus verdadeiro, mas muito mais pelas diversas divindades ou forças misteriosas personificadas. Por essa razão, era necessário, antes de mais nada, fazer um esforço a fim de chamar a atenção para o único Deus verdadeiro, para a busca desse Deus. Era preciso dirigir o apelo a reconhecer, cultivar, desenvolver tal relação de fé com o único Deus vivo, origem e destino de todas as criaturas, e benévolo para com o ser humano.

Isto implica também, obviamente, uma relativização fundamental de todos os cultos existentes, o que, de fato, levará, posteriormente, a uma explícita crítica da idolatria e do culto aos ídolos.

A crítica aos ídolos não é tanto tarefa que cabe ao missionário. Aquele que alcança a fé no único Deus verdadeiro é que deve efetuar a relativização de todas as suas divindades, ídolos, falsos absolutos, cultos religiosos.

Pode ser útil ver brevemente como isso se verificou em Paulo sublinhando alguns aspectos que se podem entrever ou conhecer com certeza em suas Cartas. Em que consistia exatamente o objeto da crítica de Paulo às divindades pagãs? Quanto espaço Paulo dedicava, bem como os outros missionários que pregavam no ambiente do helenismo, à crítica da idolatria em relação ao ensinamento positivo do Evangelho de Jesus Cristo? Qual a orientação que se pode extrair dessa crítica da idolatria a fim de impostar, hoje, o discurso sobre Deus na primeira evangelização?

Crítica global

Paulo faz uma crítica global às divindades do mundo pagão. Sua posição não se distancia muito da do Antigo Testamento. É possível enfatizar esquematicamente alguns destaques.

Essas divindades e seus simulacros ou imagens são ídolos (*eídôla*), ou seja, futilidade ou fatuidade. Não são divindades verdadeiras, mas apenas estúpidas invenções humanas, frutos da malícia humana.

O culto prestado a essas divindades é, na realidade, um culto oferecido aos espíritos maus (talvez a fim de exorcizar medos e perigos, ou acalmar os espíritos maus, ou dispor benevolamente potências superiores ao ser humano).

Os cultos dessas divindades reduzem à escravidão as pessoas que se dedicam a eles. A idolatria é um dos pecados capitais, da qual brotam tantos males.

Na Carta aos Gálatas, capítulo 4, Paulo mesmo recorda esses pontos principais de sua crítica aos ídolos. A invenção e difusão deles está ligada à "ignorância de Deus", ou seja, do único Deus verdadeiro. Prestando culto aos ídolos, o ser humano não é livre, mas escravo e também prisioneiro das forças do mal: "Mas outrora, quando não conhecíeis a Deus, servistes a seres que na realidade não são deuses" (Gl 4,8). Por outro lado, Paulo não parece perder-se na crítica de divindades em particular, de cultos idolátricos individualmente.

Três estratos ou níveis na religiosidade pagã

Se quisermos tirar desta crítica aos ídolos algumas indicações úteis para a impostação do discurso sobre Deus na primeira evangelização hoje, convém considerar que no Novo Testamento o problema das divindades pagãs apresenta três estratos ou níveis diversos:[18]

1º) O primeiro e mais vistoso nível é a fabricação de imagens ou simulacros das diversas divindades e lugares

---

[18] Cf. GROLLENBERG, *Die moeilijke Paulus*, p. 62.

de culto nos quais são veneradas.[19] Para o judeu ortodoxo e piedoso, a adoração desses manufaturados – o homem que adora a obra das próprias mãos... – era simplesmente horrível e abominável. Ademais, de forma geral, o abandono do monoteísmo bíblico e a passagem ao culto dos ídolos era indicado como um termo de notável desprezo: prostituir-se, prostituição.

2º) Um segundo nível, menos visível mas provavelmente mais importante, é o culto e o serviço prestado a uma ampla gama de potências divinas ou divinizadas, que governam poderosamente a existência humana e a mantêm submissa, escrava, ameaçando-a com males. É o verdadeiro núcleo do politeísmo, que se contrapõe à fé no único Deus criador do céu e da terra, das coisas visíveis e invisíveis.

3º) Um terceiro nível, que é característico ao menos para o politeísmo no mundo helenístico, é o fato do pluralismo religioso. Naquele mundo pagão havia uma situação que, de certo ponto de vista, tinha uma semelhança verdadeira com o mundo de hoje: uma oferta bastante variada e matizada de seitas e de fórmulas religiosas para todos os gostos, portanto uma enorme variedade de modos ou caminhos que eram oferecidos ao homem religioso a fim de que encontrasse Deus e alcançasse a felicidade, exorcizando os males e os sofrimentos.

Ora, na visão hebraica e cristã, não há divindades ao lado ou em concorrência com o único Deus verdadeiro, criador do céu e da terra (primeiro mandamento). Essa é já a perspectiva desde o início do Gênesis (primeiro aspecto). Todas as coisas do mundo e do universo são criadas e, neste sentido, não possuem caráter divino, não são divindades (segundo aspecto). Nenhuma das presumidas potências do céu e da terra (as estrelas, o dinheiro, satã etc.) possuem um

---

[19] O sentido originário de "ídolo" (*eídōlon*, em grego = imagem, simulacro) indica a representação ou imagem que representa uma divindade e é adorada como se fosse a própria divindade. Por isso que, muitas vezes, se atribui uma força divina à representação ou à estátua. Para se ter uma ideia, poder-se-ia pensar no fato de hoje algumas pessoas correrem em busca de uma estátua (imagem) miraculosa como se fosse a realidade de Deus ou do santo.

senhorio absoluto sobre a vida do ser humano, mas tudo está submisso a Deus (terceiro aspecto).

Hoje, geralmente se aceita como norma de comportamento que a crítica dos ídolos, dos quais a Bíblia fala e sobre os quais se insiste na pregação do Evangelho de Jesus Cristo aos pagãos, não consiste na destruição ou na derrubada material dos lugares de culto pertencentes às diversas religiões cristãs. É a pessoa mesma que deve tomar distância no coração, nas convicções e na prática da vida de toda crença em outras divindades ou falsos absolutos, de todo culto que não seja uma autêntica via de salvação.

Crítica dos ídolos hoje?

O problema da crítica dos ídolos articula-se de forma diferente em relação ao tempo de São Paulo, ainda que alguns elementos permaneçam presentes.

1º) No nível humano encontramos duas formas de crítica dos ídolos ou dos presumidos absolutos que tendem a governar a existência humana.

No âmbito individual das pessoas que demonstram interesse pela fé cristã, constata-se que muitas delas percorreram um notável processo de relativização de valores que precedentemente apareciam como valores absolutos para suas vidas. Pode-se falar, efetivamente, de crítica dos ídolos. O mais das vezes já compreenderam que o dinheiro, a riqueza, o poder, a ciência, o bem-estar, o consumismo... não estão em condições de aplacar definitivamente o coração humano.

No campo cultural humanístico, existiram fortes correntes de desmitologização dos maiores mitos que governaram as sociedades modernas. Pode-se pensar, de modo particular, na crítica do capitalismo, na crítica de todo poder absoluto, na crítica do mito do progresso, e coisas semelhantes.

Essas formas de crítica não levam ao reconhecimento do único Deus verdadeiro, mas eliminam alguns obstáculos que impedem a abertura a Deus, e pelo menos trazem como resultado o fato de o problema de Deus não aparecer mais, *a priori*, como uma posição antiquada e estúpida.

2º) No que diz respeito à fé no único Deus verdadeiro, sempre se ressalta quanto isso é fonte de liberdade em relação a qualquer presumido absoluto na existência humana. Portanto, também perante o Estado, o poder, o dinheiro, as honras do mundo. É também bastante relativizante no que concerne à exaltação de formas cultuais, ritos, sacrifícios etc.

3º) Contudo a força convincente desta fé no único Deus, criador do céu e da terra, está codeterminada pelo testemunho dos cristãos e das comunidades cristãs. Aos olhos de observadores externos, deveria ser visível, na vida dos cristãos, esta liberdade radical perante todo possível absoluto. Costumeiramente, isso acontece onde existe liberdade de espírito, amor recíproco e serviço humilde desinteressado de caridade para com os pobres.

4º) A crítica das ideologias e dos ídolos, conquanto necessária, não terá jamais um efeito duradouro se não caminhar *pari passu* com a abertura ao único Deus verdadeiro, criador do céu e da terra. Com efeito, é esta absoluta unicidade e transcendência de Deus que relativiza todos os presumidos absolutos da vida humana e todas as forças superiores que parecem governar sua existência. E é fonte de grande liberdade para com todos e com tudo.

Para concluir

1º) A fé no Deus vivo não é apenas um "preâmbulo", ou seja, um pressuposto a fim de que as pessoas possam interessar-se pelo Evangelho de Jesus Cristo, ou para que se disponham a escutá-lo. É conteúdo primário da evangelização. A fé no Deus vivente e seu significado para a verdade do ser humano já é parte essencial da própria mensagem evangélica ou da pregação missionária. Esta está incluída naquela "conversão' fundamental exigida por Cristo.

É claro que tudo isso receberá um significado mais profundo no encontro com a vida, morte e ressurreição de Jesus Cristo. E é também verdadeiro que, acima de tudo na relação com Jesus, Deus aparecerá especificamente em seu papel de Pai.

2º) Os cristãos estão no mundo para dar testemunho do único Deus vivo e verdadeiro, criador do céu e da terra, que se revelou como Deus pessoal, que ama o ser humano e pretende instituir uma relação pessoal com ele...

Em linha de princípio, o primeiro dado da proposta de fé cristã ao homem de hoje não deveria ser o homem e seus problemas terrenos, éticos e sociais. O centro do Evangelho não é o ser humano, mas Deus, o grande mistério de Deus, a fé no único Deus vivo e verdadeiro, o que Deus é, na realidade, o que ele deseja ser para o ser humano. Por isso, tanto para os hebreus como para os cristãos, o primeiro mandamento é: o Senhor é teu Deus... Deus é um só... amarás o Senhor teu Deus...

A fé no único Deus verdadeiro, hoje, exige atenção particular, pois não poucos cristãos parecem ignorá-lo ou preferem, de alguma forma, colocar o ser humano no centro do Cristianismo.

Nesta ótica, a Igreja, como expressão da fé dos cristãos, não deveria aparecer na vida pública primária e principalmente como instituição que leva adiante a defesa de alguns ideais e valores éticos (a justiça fundamental, o respeito à vida...), ou como instituição francamente oposta a alguns abusos morais (divórcio, convivência pré-matrimonial, aborto...), ainda que seja necessário que todos esses aspectos estejam decididamente presentes. A Igreja deveria, em primeiro lugar, tender a reconhecer e a fazer reconhecer o significado central e decisivo da fé em Deus para a verdade última do ser humano, para os compromissos éticos etc.

A espera de Cristo. O desejo do coração humano

O grande problema do nosso tempo, particularmente no mundo ocidental, é precisamente que a passagem da fé no único Deus vivo para a revelação e a fé em Jesus Cristo não é mais evidente. Talvez jamais o tenha sido. Muitas pessoas acreditam, de algum modo, em Deus ou praticam alguma forma de religiosidade, mas não parece que todas estejam facilmente abertas ao Evangelho de Jesus Cristo. O paganismo religioso aparece-lhes mais espontâneo e natural do que seguir a estrada estreita e exigente do Evangelho.

É importante, portanto, e até de algum modo indispensável, antes de passar a falar da mensagem cristã sobre Jesus Cristo, uma análise desta eventual abertura ou sensibilidade para com Jesus Cristo e seu Evangelho.

Entre a espera e a ignorância de Cristo

O problema que nos interessa é precisamente: no anúncio do Evangelho aos não cristãos, em diversas partes do mundo, é possível apoiar-se sobre uma eventual espera de Cristo ou de um Cristo, em analogia com quanto está documentado no Novo Testamento em relação à pregação de Jesus e dos apóstolos, quando se voltavam para pessoas que pertenciam à tradição hebraica? Obviamente, isso só será possível se, de fato, tal expectativa estiver presente e documentada.

Existe, porém, uma realidade dessa natureza fora das tradições bíblicas? Tem algum significado real e perceptível a frase que se encontra no texto litúrgico: "Cristo, o esperado das nações"? E ainda: na hipótese de que tal expectativa de um Cristo estivesse presente, é precisamente certo de que seja um caminho privilegiado ou ao menos promissor para anunciar o Evangelho?

A experiência de Jesus e dos apóstolos

É natural que se procure, em primeiro lugar, compreender como a espera de Cristo ou do Messias tenha funcionado na pregação de Jesus e dos apóstolos. Mesmo que não seja diretamente transferível para o tempo presente, de algum modo é importante, a fim de compreender se a expectativa de Cristo é deveras um fator determinante na transmissão do Evangelho.

No que toca à experiência de Jesus de Nazaré, parece bastante claro, de acordo com os próprios textos dos Evangelhos, que Jesus iniciou a pregação na convicção de que a preparação das pessoas imbuídas da tradição judaica e da expectativa messiânica teria tornado fácil a acolhida de sua mensagem. No entanto, muito cedo teve de constatar que não apenas os fariseus, os doutores da lei e os sacerdotes, mas também a massa das pessoas não o seguiam. Efetivamente, naquela época, a expectação messiânica se havia misturado muito com preocupações materiais e terrenas, com o nacionalismo etc. Aliás, perante a pregação de Jesus, crescia rapidamente a hostilidade das forças do mal. No final das contas, mataram-no, crucificando-o no patíbulo como um criminoso...

Em resumo: a espera messiânica, posto que forte e acentuada no tempo de Jesus, não se revelou uma condição privilegiada e garantida para que a multidão acolhesse o Evangelho. De fato, na evangelização, o problema fundamental não é o de esperar o Messias, mas o de estar dispostos e abertos para reconhecê-lo e a dar-lhe a aprovação da fé.

A pregação do Evangelho da parte dos apóstolos em ambientes hebraicos, sempre de acordo com os testemunhos do Novo Testamento, insiste muito em demonstrar que Jesus, morto na cruz, é realmente o Messias prometido pela tradição profética de Israel. O Evangelho de Mateus, de modo particular, é uma ilustração de tal pregação. De igual modo os discursos de Pedro nos Atos dos Apóstolos demonstram claramente essa necessidade: "segundo as Escrituras".

No plano dos fatos, porém, em pouco tempo os apóstolos foram obrigados a constatar que o povo de Israel não se havia convertido ao Evangelho. Ao contrário, desencadeou-se contra a jovem Igreja a perseguição da parte das autoridades religiosas de então. Isso contribuiu, de fato, para dispersar os apóstolos e muitos cristãos, e favoreceu a pregação do Evangelho aos pagãos.

Esses dados são facilmente verificáveis por quem quer que leia os textos do Novo Testamento. De qualquer maneira, demonstram que a expectativa messiânica não é uma via absolutamente privilegiada e alvissareira. Com efeito, o principal problema é reconhecer que Jesus é o Messias, e isso não é garantido pelo fato de uma pessoa viver na expectativa da vinda do Messias. Os primeiros cristãos estavam conscientes disso, como se depreende também do prólogo do Evangelho de João: não o reconheceram!

São Paulo na primeira evangelização dos pagãos

Em consequência dos conflitos e da oposição por parte das comunidades hebraicas que ele frequentava, o apóstolo Paulo, a certa altura, tomou a decisão de dedicar-se prevalentemente à evangelização dos pagãos.

Ora, nesse novo contexto religioso, não influenciado pela tradição hebraica, não era mais possível fazer referência à espera de Cristo conforme os profetas de Israel. A pergunta que nos fazemos é: teria Paulo encontrado algum tipo de espera de Cristo, análoga ou paralela àquela da tradição hebraica? Ou teria encontrado somente certa consciência vaga de que a salvação do ser humano, em última análise, provém de Deus?

Uma hipótese que se poderia levantar é que Paulo, antes de passar à proclamação do Evangelho de Jesus Cristo, tenha organizado um curso acelerado de cultura bíblica, a fim de suprir à carência da espera. Em termos de hipótese, poderia até mesmo acontecer que tenha realizado outra forma qualquer de "educação" da espera de Cristo, supondo-se sempre que, a seus olhos, a expectativa do messias fosse um elo essencial do anúncio do Evangelho.

Para essas e outras hipóteses, a resposta é muito simples: as parcas migalhas que se podem recolher em suas Cartas a esse respeito não permitem dizer que Paulo se apoia em uma espera prévia de Cristo antes de anunciar o Evangelho. Não existem indicações de que ele tenha organizado previamente um curso de iniciação aos profetas de Israel. Por outro lado, Paulo estava convicto de que o pagão não devia tornar-se judeu, converter-se ao Judaísmo, antes de ser cristão. A fé é que salva.

É importante citar uma breve afirmação da carta aos cristãos de Roma, na qual Paulo parece manifestar indiretamente suas ideias a respeito do problema que nos preocupa. Grosso modo, a tese seria esta: na pregação do Evangelho aos hebreus, aposta-se nas promessas feitas aos profetas; no anúncio do Evangelho aos pagãos, acentua-se a misericórdia de Deus. "Pois eu digo: Cristo tornou-se servo dos circuncisos, para mostrar que Deus é fiel e cumpre as promessas feitas aos pais. Quanto aos pagãos, eles glorificam a Deus por causa de sua misericórdia [...]" (Rm 15,8-9). O contexto do capítulo se refere explicitamente à pregação do Evangelho.

Ao contrário, é muito claro, desde o início, que a espera de Cristo, no sentido de retorno de Cristo, está decididamente presente no querigma mesmo e aparece característico para a identidade cristã. Com efeito, na carta aos cristãos de Tessalônica, escrita em Corinto entre os anos 50 e 52, um dos mais antigos textos do Novo Testamento, os cristãos já são caracterizados como pessoas que vivem na expectativa do retorno de Cristo (cf. 1Ts 1,9-10).

Em Atos dos Apóstolos, Lucas acena ao fato de que Paulo, a fim de introduzir ou reatar o discurso evangélico, recorreu a outras experiências das pessoas. Alguns exemplos podem ajudar-nos.

De acordo com At 14,8-20, falando às pessoas de Listra, Paulo ressalta a experiência das coisas boas oferecidas pela terra, buscando focalizar a atenção sobre Deus, doador de todo bem. "Nas gerações passadas, Deus permitiu que todas as nações seguissem seu próprio caminho. No entanto, não deixou de dar testemunho de si mesmo, por seus benefícios, mandando do céu chuvas e colheitas, dando alimento e alegrando vossos corações" (At 14,16-17).

Outro exemplo é dado por Lucas. Falando aos ouvintes "sequiosos" de novidades, na praça do Areópago de Atenas, Paulo alude à multiplicidade dos lugares de culto, acena, portanto, à religiosidade presente e, particularmente, ao templo dedicado "a um deus desconhecido" (título atestado também por um altar encontrado em Pérgamo: "à divindade ignota"). E a isso liga o discurso comprometedor sobre o Deus vivo e verdadeiro, criador do céu e da terra, que é, ao mesmo tempo, um Deus vizinho do ser humano... (At 17,16-34).

Não se pode excluir, como é óbvio, que Paulo se tenha também servido de outras alusões para dar início ao discurso sobre Jesus Cristo. Talvez tenha mencionado também a busca de paz, de justiça, do perdão dos pecados. Tampouco se pode excluir que não tenha seguido a pista das bem-aventuranças. Contudo, os poucos fragmentos do Novo Testamento sobre a primeira evangelização aos pagãos não permitem nem afirmar nem negar algo a respeito.

De qualquer maneira, a hipótese de que, nas diversas comunidades cristãs, tenha havido outras formas de contato é realística, porque encontramos reflexos indiretos disso nos grandes textos catequéticos do Novo Testamento, que são justamente os quatro Evangelhos. Basta pensar nas parábolas, na mulher samaritana, no episódio dos discípulos de Emaús e no grande discurso das bem-aventuranças. Todos esses textos trazem vestígios de seu uso no interior da pregação e da catequese de base dos candidatos a discípulos de Cristo.

Existe hoje uma expectativa explícita de algum cristo ou messias?

Quando se pergunta se "hoje" o não cristão espera algum messias, a referência toca obviamente aos milhões de pessoas que ignoram Jesus Cristo. O povo da China, do Japão, da Índia... esperam um messias ou algum enviado da parte de Deus?

Atendo-nos ao plano descritivo e experimental, ou seja, àquilo que se pode observar e constatar nas diversas expressões da cultura, é difícil afirmar que hoje a maior parte dos não cristãos vive a firme convicção de que *alguém* deva vir da parte de Deus (mensageiro, enviado, filho de Deus), a fim de trazer-nos a salvação. As pessoas, nos países de missão ou nos países ocidentais, evidentemente não estão com o coração ansioso na expectativa do enviado de Deus. Mais de um jovem missionário, em contato com as grandes religiões do Oriente, teve de constatar, com amargura e frustração, que a realidade era diferente.

Quanto aos não cristãos do Ocidente, não parece que suas expectativas, indubitavelmente presentes, tenham, em toda parte, um caráter religioso. De qualquer modo, parecem muito distantes da espera de alguma intervenção misteriosa, reconciliadora ou gratificante da parte de Deus. A tendência para o mundo da vida eterna não parece estar particularmente presente.

É verdade que a liturgia do Advento usa a expressão *Desideratus gentium* – Cristo, o esperado das nações. Contudo, nessa forma, o texto não possui um fundamento bíblico, ou antes: é uma tradução errada do texto bíblico. Remonta ao profeta Ageu, especificamente ao ano 520. Na realidade, o texto se refere ao tesouro de todos os povos que confluirá para o Templo de Jerusalém, como facilmente se lê nas traduções modernas e nas enciclopédias bíblicas: "Vou sacudir todas as nações de modo que venham para cá as riquezas das nações e, assim, encherei de glória esta Casa, diz o Senhor dos exércitos" (Ag 2,7). Não podemos, portanto, invocar esta fonte para conjecturar que as pessoas hoje vivem algo como a expectativa de Cristo ou a espera de um Messias enviado da parte de Deus.

Existe outro pressuposto que circula nos ambientes cristãos e que é citado de bom grado. Trata-se de uma frase de Tertuliano: *anima naturaliter christiana* ["alma cristã por natureza"]. Talvez no passado alguém tenha imaginado, com demasiada facilidade, que a espera ou o desejo de Cristo fosse quase espontâneo ou natural no ser humano. Se hoje se observa atentamente a situação religiosa no Ocidente e o forte retorno da religiosidade vaga, fragmentária, pouco atenta ao único Deus e à fé e à conversão evangélica, seria mais correto dizer: *anima naturaliter pagana* ["alma pagã por natureza"]. Ou talvez Tertuliano queria apenas dizer que existe certa afinidade entre o Evangelho e o coração humano?

Enfim – terceiro aceno a uma coisa não muito consistente ou convincente –, a apologética do século passado sublinhava, com prazer, que também no mundo pagão estava presente a expectativa de um Messias, por exemplo, no mundo greco-romano. No entanto, São Paulo não fala disso em suas Cartas. À parte citações escassas e pouco evidentes de alguns autores, provavelmente se trata de um equívoco.

Em todos os tempos, portanto, também entre os pagãos do tempo de São Paulo, houve pessoas que estavam cansadas da política existente e dos poderosos políticos que cuidavam de tudo, menos do bem comum. Por isso sempre existiram pessoas que sonhavam, desejavam um império, um reino de justiça, um imperador justo e pacífico. No máximo, portanto, poder-se-ia falar aqui de espera por bens messiânicos (como, de resto, era o caso também em muitos textos do Antigo Testamento), isto é, de alguém que devia vir para restaurar paz e justiça no mundo (mas não necessariamente enviado por Deus, muito menos um descendente da dinastia de Davi).

Pierres d'attente – Stepping stones – Semina verbi

A literatura missionária fala também de *pierres d'attente* ["pedras de espera"] (literalmente: pedras sobre as quais uma pessoa que está a ponto de submergir na inundação busca refúgio à espera de ser salva por alguém). Com tal imagem ou figura, pretendia-se dizer que existem, em todo caso, aberturas, expectativas ou pontos de ligação que o Cristianismo encontra entre os pagãos, ou seja, entre as pessoas que pertencem a religiões não cristãs. Não parece que se deva entender muito literalmente como espera de uma pessoa ou de um salvador da parte de Deus.

Em inglês é usada uma imagem semelhante: *stepping stones* ["pedras para pisar"], imagem relativa às grandes pedras colocadas na torrente, as quais permitem atravessá-la sem se molhar. Também aqui se pretende dizer que existem elementos religiosos e culturais que, de fato, constituem uma abertura para o Evangelho ou são suscetíveis de ser utilizadas como referência para o discurso evangélico.

Entre católicos, remete-se também, amiúde, à ideia patrística de *semina verbi* ["sementes do verbo"] (*Logos seminale*, *Logos spermatikos*), que se encontrariam em todas as culturas e em todos os povos. Ora, de acordo com pesquisas sérias, existem diversos preconceitos a este respeito. G. Cottier observa que é despropositado pensar "num conjunto de verdades, veiculado por determinada cultura, que prepare por si para a acolhida da fé cristã".²⁰ O que Eusébio de Cesareia quer dizer é que toda verdade tem alguma ligação com o *Logos*, que é Cristo. É, de algum modo, participação na verdade de Cristo. Isso oferece ao cristão o direito de reconhecer toda verdade como sua. Em segundo lugar, é um reconhecimento da capacidade para a verdade inerente à razão humana.

Em todo caso, o que muitos estudiosos da missão no século XX quiseram dizer é, talvez, diferente em relação a Eusébio, mas nem por isso um preconceito ou uma visão pouco séria. No fundo, pretendeu-se dizer que as pessoas, de qualquer cultura e religião, encontrando o Evangelho de Jesus Cristo, podem reconhecer que também na própria cultura existem aspectos, valores, experiências que, de alguma maneira, vão na direção do Deus bíblico, que se quis manifestar e revelar em Jesus Cristo. Não se demonstra ou não se postula o Evangelho, mas no encontro com o Evangelho, à luz da mensagem evangélica, se descobrem de maneira diferente, eminentemente positiva, certas experiências e valores que estão presentes na própria cultura e religião.

Um exemplo típico poderia ser que o africano, ao encontrar o Evangelho, descobre que seu senso comunitário inato parece justamente reenviar na direção daquela comunidade mais ampla e insuperável que Deus pretende realizar em Jesus Cristo, entre os seres humanos.

Nessa linha, poder-se-ia pensar nas experiências e buscas de fundo da nossa existência humana que parecem ir em direção ao Deus bíblico, como mistério de comunidade e de comunhão, de verdade, amor, reconciliação, paz etc. É, portanto, muito mais na linha do *fides quaerens intellectum*, ou da credibilidade da fé cristã, que surge no interior da sua acolhida e prática na vida humana (e não simplesmente de fora, mediante raciocínios prévios).

A experiência de muitos missionários confirma que as pessoas ouvem de bom grado o anúncio cristão quando, desde o início, descobrem que as coisas boas e importantes da vida deles estão também presentes na mensagem cristã,

---

20 Cf. COTTIER, G. Il cammino verso la fede: la *praeparatio evangelica* e i *preambula fidei*. Aquinas 41/3 (1993) 597-605.

junto com perspectivas inimagináveis, que dilatam e purificam infinitamente seu alcance.

Abertura, espera, estado de "busca"

Outro grande filão é o que gira em torno do verbo "buscar", ou do substantivo "busca", ou, mais explicitamente, da busca de Deus. A referência fundamental é o próprio ser humano, que, de acordo com um conhecimento e uma interpretação milenares, parece estar sempre à procura de algo... que pode receber, obviamente, conteúdos diversos e, efetivamente, no decurso da vida e da história, recebe diversos conteúdos.

Examinemos as formas principais nas quais esta problemática foi colocada em conexão com o encontro com o Evangelho, ou seja, no contexto do anúncio evangélico.

Mesmo se alguém, por exemplo, por falta de experiência no âmbito da primeira evangelização, não estivesse convencido da necessidade dessa busca e espera, por si já bastaria observar o procedimento seguido pela mesma revelação hebraica e cristã. Deus mesmo levou longuíssimos séculos de preparação, nos quais esta busca do Único Deus vivo e verdadeiro e a expectativa do messias são acentuadas. Fala-se, a esse propósito, de "pedagogia de Deus".

A busca de Deus: um caminho bíblico para a evangelização

A expressão explícita "busca de Deus" está pouco presente no Novo Testamento. De qualquer maneira, é significativo que seja usada algumas vezes por São Paulo no contexto da missão no mundo helenístico: At 17,27; Rm 3,11 (porém, é uma citação do Sl 14,2); Rm 10,20 (em que é uma citação de Is 65,1). Por outro lado, existem numerosos textos que falam de Deus que está à procura do ser humano. Ao mesmo tempo se insiste também no tema "buscar", por exemplo, em relação à oração, ao Reino de Deus: "Procurai e encontrareis!" (Mt 7,7). Poderia dar-se o caso que "buscar" e "busca" sejam traços constitutivos da relação humana com Deus, ao menos daqueles que reconhecem a Deus.

É sobretudo no discurso do Areópago que este tema está claramente presente como fator de evangelização. Toda a estrutura do universo, do mundo e da vida é de tal forma que, segundo o plano de Deus, deveria levar o seres humanos "para que buscassem a Deus e, talvez às apalpadelas, o encontrassem, a ele que na realidade não está longe de cada um de nós" (At 17,27).

São Paulo sublinha certamente a *necessidade de buscar a Deus*. A busca de Deus aparece como uma atitude importante para a escuta da mensagem evangélica. Deus se deixa encontrar por aqueles que o buscam, porque não está longe de cada um de nós (At 17,27-28). Este "buscar" e "deixar-se encontrar" não se limita certamente a um problema cognitivo (conhecimento da existência e da natureza de Deus). Não se trata, em primeiro lugar, de uma espécie de itinerário filosófico ou intelectual *mentis ad Deum* ["da mente para Deus"], ou, seja como for, não é disto que São Paulo está falando. Ao contrário, implica, em primeiro lugar, a busca da sua vontade, de seu projeto para o ser humano. Responde, de certa maneira, à pergunta: que relacionamento devo ter com o Deus vivo? Que quer de mim esse Deus distante e oculto? Enfim, implica também alguma expectativa de salvação que vem de Deus. Essa é parte essencial da conversão a Deus.

É também muito provável que Paulo tenha falado da condição pecaminosa do pagão e da necessidade da reconciliação com Deus, que só pode acontecer mediante um gesto de reconciliação da parte de Deus. Em Atos, a ignorância de Deus nos pagãos aparece culpável (At 17,27; Rm 1,19-20). Todos estão igualmente necessitados do perdão dos pecados.

Gente insatisfeita e gente que procura...

A insatisfação geralmente conduz à busca de alguma coisa diferente. É um fenômeno bastante frequente na existência humana. Contudo, seria errado interpretar a insatisfação geral de tantas pessoas como uma forma "anônima" de busca de Deus. Pode ser que isso seja verdadeiro em alguns casos, ou seja, quando a insatisfação diz respeito globalmente ao conjunto da existência humana, que parece truncada, por causa da finitude e da morte inevitável. Mas em muitos casos a insatisfação leva somente à procura de outros bens horizontais.

De importância singular é a atitude do não cristão em relação à própria religião ou religiosidade.

O caminho da evangelização está manifestamente fechado para pessoas plenamente convictas da incontestabilidade da própria religião, da própria visão e impostação da vida. Por exemplo: diante de um islâmico absolutamente persuadido de que o Corão é a última e suprema expressão de toda religião, e contém a última e exaustiva resposta a todo problema humano, as possibilidades positivas de anunciar com sucesso Jesus Cristo parecem muito pequenas. Pelo menos esta é a nossa experiência. As leis do Estado islâmico, porém, não parecem estar totalmente convencidas, visto que proíbem, com severas penas, toda presença e manifestação de outras religiões, de modo particular do Cristianismo, por medo de que alguns, ou muitos, adiram a outra religião. Um segundo exemplo poderia ser o do Hinduísmo ou do Budismo. Muitas pessoas pertencentes a essas correntes religiosas estão absolutamente convencidas de que sua religião é boa e válida, sem necessidade de outra coisa.

No mundo ocidental encontra-se problema semelhante, mas em relação à ciência e à tecnologia. Um grande número de pessoas compartilha, grosso modo, a convicção de que as ciências e a tecnologia estão em condições de resolver os problemas da existência humana. Enquanto persistir tal ideologia do poder ilimitado das ciências e da tecnologia diante dos problemas humanos, o discurso cristão é, *a priori*, considerado inconcludente e infundado.

No entanto, também aqui não se trata de uma parede inabalável. Vale sempre a grande lei de que o contato com outra realidade que não se insere no quadro ideológico pré-constituído pode relativizar e trincar a presumida incondicionalidade da própria posição.

Se as pessoas estivessem plenamente satisfeitas com a vida que levam e com as condições que marcam profundamente sua existência, provavelmente não poderíamos anunciar o Evangelho de forma alguma. Somente uma pessoa que se encontra em atitude de busca possui a disponibilidade adequada para interessar-se por outras perspectivas que possam, eventualmente, indicar a verdadeira natureza da insatisfação e da busca e, possivelmente, o caminho para alcançar o que está buscando. Ainda parece sábia a via indicada por A. Brien em 1973:

> Como deve agir o catequista? Como fez o próprio Cristo, por exemplo, no discurso da Montanha: ou seja, por etapas sucessivas, mas sem sair do contexto do encontro. O Cristo anuncia antes de mais nada que o Reino de Deus está a ponto de irromper. A seguir, prepara os homens para acolhê-lo, fazendo-os tomar consciência de sua busca profunda e da insuficiência dos bens nos quais ela procura satisfazer-se; ajuda-os a perceber que o desejo que trazem em si ultrapassa o que os seduz imediatamente ou os mantêm prisioneiros. Desta maneira, quer torná-los livres para o Reino.[21]

Na catequese, no ensino da religião e na evangelização missionária, seguem-se substancialmente três caminhos a fim de ligar a proposta do Evangelho com a busca do ser humano. O primeiro cultiva a busca dos "bens messiânicos", ou seja, a busca de valores grandes e positivos que possuem um parentesco substancial com o Reino de Deus de que fala a Bíblia. O segundo é o caminho das grandes questões existenciais. O terceiro, relativizando, de alguma maneira, os dois caminhos precedentes, aposta acima de tudo na afinidade constitutiva do Evangelho com os desejos profundos do coração humano. Ilustremos brevemente esses três caminhos.

A busca de bens messiânicos

Já falamos das expectativas messiânicas. A razão para falar separadamente dos bens messiânicos é o fato de alguns bens associados ao Messias (ao Reino de Deus, ao

---

[21] BRIEN, A. De l'anthropologie en catéchèse. *Vérité et Vie* 25 (1972-1973), série 97, n. 684, p. 13.

messianismo dos contemporâneos de Jesus) serem considerados, no mundo secularizado, simples bens humanos, não mais ligados à revelação cristã portanto. Basta pensar na busca da paz, da tolerância, de uma igualdade substancial, da solidariedade, da libertação etc. Não é difícil constatar como tais bens tenham polarizado imensas massas e determinado o andamento da história moderna contemporânea. Esses bens ou valores parecem capazes de unir as pessoas para além das religiões às quais pertencem.

Podemos levantar uma tríplice questão a respeito: 1º) Que se entende com o termo "bens messiânicos"? 2º) Como estão presentes, hoje, em sua figura secularizada? 3º) Podem servir como ponto de encontro ou, no mínimo, como ponto de partida, para inserir o discurso acerca do Evangelho, ou pelo menos preparar e facilitar tal discurso?

Que quer dizer "bens messiânicos"?

A expressão "bens messiânicos" é um enunciado tipicamente eclesial, que não existe e não é compreendido fora das comunidades cristãs e, provavelmente, nem mesmo pela maior parte dos cristãos. É também difícil encontrá-la como verbete separado nos dicionários.

Em geral, a expressão se refere a uma série de grandes bens que são trazidos ao homem crente pelo Messias ou Cristo, ou pelo Reino de Deus. No fundo, são formas de salvação religiosa que, de alguma maneira, vêm ao encontro de expectativas ou aspirações de muitos crentes. Por exemplo: a reunificação de todos os filhos de Deus que hoje se encontram dispersos em meio aos povos.

Recordemos alguns que, no Antigo Testamento, parecem claramente associados à vinda do Messias ou ao termo "Reino de Deus": não estar mais na ignorância de Deus, mas saber o que Deus realmente quer de nós e o que devemos fazer para sermos agradáveis a Deus; receber gratuitamente o perdão dos pecados e a reconciliação universal com Deus; receber uma abundante presença do Espírito Santo, para amar a Deus com todo o coração, com toda a mente, com todas as forças, e amar verdadeiramente o próximo: paz interior e busca de paz universal; unidade de todos os seres humanos, fraternidade universal; busca de justiça e superação das grandes injustiças, uma justiça fundamental entre os seres humanos; inversão da situação de extrema pobreza, direito para todos os pobres e oprimidos... (cf. Is 9,1-6; 11,1-9; Jr 31s; Ez 36,26s; Mt 11,2-6).

A busca desses bens messiânicos está presente também nas pessoas de hoje?

Nossa pergunta é se tais realidades indicadas pelos cristãos como bens messiânicos constituem um gancho para anunciar Jesus Cristo e seu Evangelho. Isso pressupõe, em primeiro lugar, que esses sejam realidade viva nas pessoas de hoje. Concretamente: as pessoas da Coreia, do Japão, da Indonésia, da África..., os jovens que encontramos nas escolas... vivem na propensão para os bens messiânicos?

Numa primeira observação, é bastante verossímil que, de qualquer maneira, todos os homens, de qualquer pertença e cultura, sejam sensíveis à paz, às boas relações interpessoais. Em toda parte as pessoas querem ser tratadas segundo a justiça, cada um tende a ser libertado das maiores misérias e angústias da vida (seca, fome, guerras...).

Uma segunda análise indica que os diversos bens messiânicos, por causa de sua conotação explicitamente religiosa, não atraem o interesse de muitas pessoas contemporâneas. Basta pensar, por exemplo, no conhecimento de Deus, no grande desejo do homem bíblico de que toda pessoa humana tenha um verdadeiro conhecimento de Deus, ou seja, um relacionamento interpessoal com ele (= conhecer, no sentido bíblico), caracterizado pelo amor a Deus e ao próximo. Não parece que isso esteja universalmente presente.

A terceira reflexão mostra que muitos bens messiânicos da Bíblia sofreram, na cultura contemporânea, uma profunda secularização, e agora se acham desprovidos de sua dimensão transcendente ou religiosa. Por isso são buscados também por não cristãos e por pessoas que não vivem uma atitude e um compromisso religioso. São vistos, de qualquer modo, como ideais, valores e metas alcançáveis dentro dos confins da história e exequíveis unicamente pelo agir do ser humano. Por exemplo: a superação das maiores formas de discriminação, a igualdade substancial das pessoas, a justiça social, a paz mundial etc.

A Revolução Francesa acolheu alguns grandes ideais da cultura moderna: império da liberdade, da justiça social, da fraternidade universal e da paz... Ou mais especificamente: *liberté, égalité, fraternité*, que, no fundo, são formas secularizadas de bens messiânicos.

Subsequentemente, as poderosas ideologias modernas apoderaram-se desses grandes bens (ideologia do progresso, ideologia marxista, comunismo, humanismo ateu), procurando administrar pessoalmente, de maneira totalmente secularizada, amiúde em chave antirreligiosa e anticristã, o que outrora eram os grandes núcleos do esperado Reino messiânico.

Tudo isso já mostra quão delicado é o próprio conceito de bens messiânicos. Seja como for, assumindo essas realidades na configuração na qual estão presentes na cultura contemporânea, não temos garantia de que isso corresponda suficientemente ao conceito bíblico de bens messiânicos.

Fazendo-se a soma global da história dos últimos séculos até hoje, é difícil afirmar que os bens messiânicos, ligados às grandes e poderosas ideologias, tenham achegado as pessoas a Deus e a Cristo. Globalmente falando, parece que a busca excessiva desses bens, em sua dimensão horizontal, temporal, secular... seja precisamente um fator que tenha distanciado as pessoas de Cristo.

Isso leva à seguinte conclusão: a história do século XX, tal como a experiência dos contemporâneos de Jesus, mostra que a expectativa dos bens messiânicos é ambígua. Quando são concebidos ou interpretados de forma demasiado horizontal – como foi o caso de muitos contemporâneos de Jesus, sem excluir inicialmente alguns dos discípulos –, podem ser um obstáculo para encontrar e reconhecer o Cristo. No Novo Testamento aparecem também como tentações messiânicas. Isso é o que os discípulos de Emaús devem superar antes de chegar a reconhecer o Cristo.

Paz, justiça, preservação da natureza

Os encontros ecumênicos de Basileia e de Graz parecem sugerir que os bens messiânicos (alguns), apesar da secularização, podem ser uma base para o encontro entre representantes de diversas religiões. Geralmente, são indicados como *Paz, Justiça e Preservação da Natureza*. A conclusão francamente cética e negativa do parágrafo anterior deveria ser, portanto, revista?

Que dizer? Antes de tudo, a relativa correspondência entre esses ideais é compreensível depois da falência das grandes ideologias. O vazio que estas deixaram não significa o retorno automático à fé cristã, muito menos, de forma geral, a volta de uma religiosidade autêntica (conhecer e amar a Deus; amar o próximo por causa de Deus). Em muitas pessoas permanece um fundo de profunda insatisfação diante de tudo quanto o mundo contemporâneo é capaz de oferecer. Se é verdade que a indiferença religiosa é um fenômeno consistente e certo número de pessoas se orienta, em primeiro lugar, para a satisfação das necessidades egocêntricas, é igualmente verdade que muitas pessoas hoje procuram fazer o bem e promover os outros, porque creem que, ao longo desta estrada, é possível realizar o sentido da existência humana.

A segunda observação é que o acordo a respeito desses bens ou ideais é facilitado exatamente pelo fato de que já estão, de certa forma, secularizados, são prevalentemente éticos, enfim, não mais confinados em seu forte peso bíblico e cristão. O missionário não vai pregar às pessoas somente a paz, a justiça social e a preservação da natureza. Esses ideais e valores "éticos" podem e devem ter um lugar na presença cristã no mundo. Contudo a grande mensagem evangélica de Jesus – "O Reino de Deus está próximo" – não se acha, em primeiro lugar, na linha da ética.

O modelo dos discípulos de Emaús é emblemático e, em certo sentido, constitui um espelho do que acontece também hoje com algumas pessoas. Para aqueles discípulos, havia, a seu modo, a expectativa do Messias e uma representação bastante horizontal e material dos bens messiânicos, também ligada a nobres ideais de autonomia nacional (por meio dos exércitos e da administração romana) e de certo bem-estar... Eles tiveram de atravessar um grande processo de purificação antes de entender e compreender que tais bens se realizam, em todo caso, mas de acordo com o caminho do Cristo Sofredor, Morto e Ressuscitado. De certa maneira, portanto, podem ser um caminho de encontro com Cristo e de descoberta da revelação de Deus em Jesus Cristo.

É provável que muitas vezes o diálogo da evangelização deva passar por esta senda incômoda: demitização e toda pretensão ingênua do ser humano em relação a um reino messiânico na história; reavaliação da confiança inextinguível em um sentido global de toda a realidade e na absoluta necessidade de buscá-lo. Sobre essa base abre-se a possibilidade de encontrar o Evangelho como promessa de realização final desses "bens messiânicos", antecipando-os já, de alguma maneira, na história.

O caminho dos grandes problemas da existência

Para as pessoas que vivem seriamente às voltas com os grandes paradoxos da vida humana, dos grandes problemas, os quais não conseguem dominar ou resolver, o problema de Deus aparece sob uma luz diferente e, muitas vezes, traduz-se em abertura, expectativa, busca... Não se torna automaticamente religião cristã, mas cria uma disponibilidade para a abrir-se naquela direção. O Concílio Vaticano II oferece, a respeito, duas perspectivas muito interessantes.

Antes de mais nada, falando das diversas religiões, o Concílio expressa a ideia de que todas as religiões buscam dar uma resposta aos grandes questionamentos da existência humana. Pode-se lembrar o texto mais significativo a respeito:

> Os homens esperam das diversas religiões resposta para os enigmas da condição humana, os quais, hoje como ontem, profundamente preocupam seus corações: que é o homem? qual o sentido e a finalidade da vida? que é o pecado? donde

provém o sofrimento, e para que serve? qual o caminho para alcançar a felicidade verdadeira? que é a morte, o juízo e a retribuição depois da morte? finalmente, que mistério último e inefável envolve a nossa existência, do qual vimos e para onde vamos? (*Nostra Aetate*, n. 1).

Portanto, da própria experiência da vida parece nascer, com grande insistência, uma busca ou desejo de realização humana, digamos: uma impulsionadora necessidade de salvação. Para todas as religiões, a chave ou a via de saída parece encontrar-se, em última análise, na relação do ser humano com Deus.

A segunda indicação está fortemente sublinhada na *Gaudium et Spes*, acerca da presença da Igreja no mundo contemporâneo. A fim de realizar o encontro com o homem contemporâneo, é importante estabelecer um sério diálogo com os grandes problemas da existência humana, os quais, hoje, como sempre, estão presentes (cf. n. 10).

Essa perspectiva, ainda que indispensável, não é, porém, um meio mágico ou uma fórmula fácil.

Acima de tudo, a sensibilidade para com as questões existenciais está substancialmente presente em todas as grandes religiões e também nas pessoas que aderem a essas religiões. No entanto, tal sensibilidade não se traduz facilmente em abertura para Cristo e para o Evangelho. A razão de fundo deve ser buscada no sentimento de autossuficiência que caracteriza as grandes religiões não cristãs. Enquanto uma pessoa não chega a perceber a insuficiência fundamental da própria religião, a proposta do Evangelho não aparecerá como possível foco de interesse. Enquanto alguém estiver convencido de que na própria religião está a resposta aos problemas fundamentais da existência, não vê por que razão deveria também interessar-se por outras propostas.

Em segundo lugar, tais questões não se transformam automaticamente em busca de Deus ou em fé em Deus. Toda fé em Deus situa-se sobre o plano das respostas a essas perguntas e implica uma efetiva aceitação ou reconhecimento da realidade de Deus. Religião é sempre, de alguma maneira, confiar-se a este Ser transcendente (ainda que não se conheça seu nome e sua realidade permaneça envolta em mistério).

Apesar disso, a atenção às grandes questões da existência humana é uma via irrenunciável. A seriedade e a importância da religião depende, em grande parte, do fato de esses questionamentos serem reconhecidos como aspectos centrais e decisivos da existência humana individual. Essas realidades fazem parte da tradição bíblica e cristã. Elas se encontram no centro da vida e da ação de Jesus de Nazaré, em sua Paixão e Morte, em sua pregação e na ressurreição dos mortos.

Afinidade do Evangelho com o coração humano

Na linguagem da Igreja, muitas vezes se acena à afinidade do Evangelho com o coração humano. Isso se faz também a fim de sublinhar que o evangelizador ou o catequista não deve ter medo de apresentar a mensagem cristã: esta encontrará seu caminho de acolhida também com base nesta afinidade vivida e percebida.

Há um texto no Novo Testamento que parece focalizar justamente tal afinidade com o coração humano:

> Vinde a mim, todos vós que estais cansados e carregados de fardos, e eu vos darei descanso. Tomai sobre vós o meu jugo e sede discípulos meus, porque sou manso e humilde de coração, e encontrareis descanso para vós. Pois o meu jugo é suave e o meu fardo é leve (Mt 11,28-30).

Acima de tudo no Concílio Vaticano II, de modo particular na *Gaudium et Spes* (n. 21), faz-se notar aquela identidade do Evangelho com o coração humano.

Aqui também a primeira pergunta é se existe algo semelhante, ou seja, uma afinidade do Evangelho com o coração humano, e qual é seu significado.

Acerca do fato de tal consonância do Evangelho com o coração humano, tem-se, certamente, a milenar experiência dos cristãos que se identificaram com este Evangelho, e não o viram como algo totalmente estranho à sua existência humana. Ao contrário, fizeram precisamente a experiência de que todas as melhores expressões e aspirações do ser humano encontram uma perspectiva de esperança de vida eterna com Deus.

Quanto ao significado ou à natureza, deve-se sublinhar que a afinidade do Evangelho com o coração humano não é algo que se possa demonstrar independentemente do encontro com próprio Evangelho. Encontrando a mensagem cristã e acolhendo-a com simpatia e fé é que o beneficiário se dá conta em que medida responde a desejos e buscas profundas de seu coração. O Evangelho, por definição, é dom gratuito, não necessidade ou exigência da natureza. Por isso sua afinidade é percebida *post factum*, após a acolhida do Evangelho. Por outro lado, é dom gratuito a um ser humano que jamais encontrará plena satisfação em realidades finitas, e também percebe isso.

No âmbito da ação missionária, na apresentação da mensagem cristã às pessoas de hoje, procurar-se-á sempre recordar a experiência secular da humanidade e que, afinal, as coisas e os valores do mundo jamais proporcionarão completa satisfação ao coração humano. Uma profunda inquietude no coração humano instiga sempre a buscar a origem e o destino final de sua vida. Há um texto profundo no Concílio Vaticano II no qual essa ideia está formulada de modo excelente:

> O homem atual está a caminho de um desenvolvimento mais pleno da personalidade e uma maior descoberta e afirmação dos próprios direitos. Tendo a Igreja, por sua parte, a missão de manifestar o mistério de Deus, último fim do homem, ela descobre ao mesmo tempo ao homem o sentido da sua existência, a verdade profunda acerca dele mesmo. A Igreja sabe muito bem que só Deus, [...] pode responder às aspirações mais profundas do coração humano, que nunca plenamente se satisfaz com os alimentos terrestres. Sabe também que o homem, solicitado pelo Espírito de Deus, nunca será totalmente indiferente ao problema religioso, como o confirmam não só a experiência dos tempos passados, mas também inúmeros testemunhos do presente. Com efeito, o homem sempre desejará saber, ao menos confusamente, qual é o signifi-

cado da sua vida, da sua atividade e da sua morte. E a própria presença da Igreja lhe traz à mente estes problemas. Mas só Deus, que criou o homem à sua imagem e o remiu, dá plena resposta a estas perguntas, pela revelação em Cristo, seu Filho feito homem. Aquele que segue Cristo, o homem perfeito, torna-se mais homem (*Gaudium et Spes*, n. 41).

Portanto, mesmo que eu já seja cristão e conheça a resposta cristã, essa não extingue este problema, que, concretamente, é preciso viver e resolver. Cristão ou não cristão, vive-se em um mundo juntamente com atrações disparatadas que parecem prometer a resposta à busca do coração humano. De fato, a trajetória de todos passa, de algum modo, pela busca do bem, do poder, da honra e da importância ao olhos dos demais.

* * *

Para concluir, poder-se-ia dizer que é importante não se fixar rigidamente em nenhuma das duas perspectivas. Em qualquer dos casos, o decisivo é a busca de Deus. Essa busca, porém, não é um sentimento sem conteúdo. É sempre uma busca que parte da realidade fundamental do ser humano e, portanto, também da busca de uma realização fundamental da pessoa (verdade, liberdade, vida eterna) e das relações nas quais vive. Por isso a busca de Deus aparece dificilmente dissociada da busca dos bens messiânicos e de certo processo de crítica, que permite perceber que esses bens messiânicos não são realizáveis por meio da ação do ser humano apenas, e não são plenamente alcançados nos confins do tempo e da história.

2
O encontro explícito com o Evangelho de Jesus Cristo

A mensagem cristã não consiste somente na fé em Deus (capítulo precedente), mas também na fé em Jesus Cristo: crer no único Deus verdadeiro, crer em Jesus Cristo.

O tema central do presente capítulo é a proposta da mensagem cristã ao não cristão com vistas à fé em Jesus Cristo. Na realidade, também aqui o conteúdo central é Deus, o qual, em seu enviado, Jesus Cristo, revela a si mesmo e seu grandioso projeto para cada homem (não somente para os judeus), aquele grande mistério escondido desde os séculos na mente de Deus (cf. Cl 1,26; Ef 3,9).

Convém recordar, aqui também, que na primeira proposta de Jesus Cristo a preocupação de fundo não é enriquecer os conhecimentos teológicos do ouvinte nem fazer catequese sistemática, como no catecumenato, mas sim ajudar o não cristão para que possa, livremente, com a graça de Deus, dar o consenso a Jesus Cristo. Este, indiscutivelmente, é o passo mais exigente e difícil de toda a tarefa da evangelização.

Este capítulo não pretende oferecer explicações teológicas a respeito dos diversos temas da mensagem cristã.

Pressupõe-se que sacerdotes, religiosos e catequistas que se dedicam ao primeiro anúncio tenham conhecimentos suficientes a respeito desses dados centrais da fé cristã.

Ao contrário, torna-se importante, para a prática, uma visão mais exata dos aspectos estruturais que caracterizam a mensagem cristã, mesmo porque, muitas vezes, nos catecismos e nos livros de teologia, estes não são considerados de modo explícito. É igualmente importante, acima de tudo no contexto do mundo contemporâneo, que os conteúdos da mensagem cristã sejam apresentados com pleno respeito pela identidade cristã e, portanto, absolutamente reverentes perante a prioridade do mistério de Deus, sem derivas sutis rumo a formas de antropocentrismo. Dever-se-á dedicar também certa atenção ao fato de, diante de muitos conteúdos, os catequistas não saberem bem quais devem entrar ou não no primeiro anúncio. Algumas sugestões metodológicas estão reservadas para o capítulo sucessivo. De qualquer maneira, nem sempre é fácil manter separadas as particularizações sobre os conteúdos e as sugestões metodológicas.

A apresentação dos elementos estruturais do querigma procura levar em conta os dois polos que estão sempre em jogo no anúncio cristão: a fidelidade à fé recebida, a preocupação de que o destinatário hoje possa ouvi-lo como mensagem alegre ou Evangelho para sua vida.

O primeiro polo é a fidelidade ao Evangelho recebido de Jesus Cristo. É indispensável que quem quer que se dedique ao anúncio do Evangelho hoje tenha conhecimento claro do conteúdo essencial da mensagem evangélica, antes de mais nada naquela formulação atestada pelo Novo Testamento. O Evangelho que hoje é proposto às pessoas é o mesmo Evangelho que foi anunciado por Jesus Cristo e pelos apóstolos.

O segundo polo é a proposta do Evangelho às pessoas de hoje. Os destinatários do primeiro anúncio não são mais os judeus da época de Jesus nem os pagãos que viviam no pluralismo religioso helenístico, aos quais São Paulo anunciou o Evangelho. São muito diferentes, vivem em uma cultura na qual têm grande peso as ciências, a tecnologia, a economia, os meios de comunicação social, o consumismo..., uma cultura com um forte pluralismo religioso e ideológico. A essa gente o Evangelho de Jesus Cristo não pode ser anunciado apenas repetindo materialmente as palavras e as fórmulas usadas para anunciar Jesus Cristo aos judeus de dois mil anos atrás, muito menos usando materialmente, como primeiro ensaio, as fórmulas usadas nos catecismos quer tradicionais, quer parcialmente renovados.

A finalidade do anúncio de Jesus Cristo

As indicações essenciais acerca da finalidade da primeira evangelização valem também, globalmente, para a parte cristológica da mensagem cristã. Recordemo-las brevemente, acrescentando-lhes algumas particularizações oportunas.

As duas finalidades indicadas no Evangelho de João

Convém partir das duas finalidades indicadas no Evangelho de João. Tais finalidades são, em todo caso, características para todos os textos querigmáticos do Novo Testamento.

A frase conclusiva do Evangelho de João exprime claramente a dupla finalidade:

> Jesus fez diante dos discípulos muitos outros sinais, que não estão escritos neste livro. Estes, porém, foram escritos para que creiais que Jesus é o Cristo, o Filho de Deus, e para que, crendo, tenhais a vida em seu nome (Jo 20,30-31).

Reconhecer Jesus Cristo como o Messias, o Filho de Deus, e crer nele

A proposta dos acontecimentos essenciais que caracterizam Jesus Cristo, juntamente com a interpretação do significado fundamental que eles têm para a salvação e para o destino de todo ser humano, pretende ajudar o ouvinte a reconhecer em Jesus Cristo o Messias, o Filho de Deus, o Senhor, para que possa crer nele, decidir-se a tornar-se discípulo de Cristo e viver segundo a via traçada por ele e, dessa maneira, obter a vida Eterna.

Para a pessoa de alguma maneira aberta e disponível, o Evangelho é proposto de tal modo que o destinatário possa ter uma ideia suficientemente correta dessa proposta, esteja possivelmente inclinado a dar um consentimento inicial à pessoa de Jesus Cristo e chegue a uma opção inicial de impostar a vida segundo o caminho de Jesus Cristo. Tudo isso pressupõe a disponibilidade para mudar até mesmo seriamente a impostação religiosa e moral da própria vida. Enfim, expressa-se no pedido de fazer o catecumenato, onde se pode aprender mais especificamente a ser cristão e a viver como discípulos de Jesus Cristo.

Essa finalidade faz parte daquela dupla conversão que é exigida para tornar-se cristão: a conversão ao único Deus vivo e verdadeiro e a conversão ao Senhor Jesus Cristo.

Acreditar que, por meio de Jesus Cristo, é possível obter a vida eterna

O que seja essa vida que, em nome de Cristo, é oferecida, o próprio Jesus já o havia indicado precedentemente: "Esta é a vida eterna: que conheçam a ti, o Deus único e verdadeiro, e a Jesus Cristo, aquele que enviaste" (Jo 17,3). Ela implica a redenção do pecado, a salvação final e a vida eterna junto de Deus, participando da ressurreição de Jesus Cristo.

Observamos, de passagem, que é muito fácil colocar claramente, numa folha de papel, a finalidade do primeiro anúncio cristão. No nível prático, porém, nenhum evangelizador deveria perder de vista que as pessoas não são folhas de papel, mas realidades vivas, bastante diversas entre si, com inúmeros obstáculos e problemas de trajeto, com um pano de fundo familiar, social e cultural amiúde muito diverso.

Até mesmo as comunidades cristãs, as paróquias, que são chamadas a assegurar o primeiro anúncio, não são cópias fiéis desses aspectos estruturais da transmissão do

Evangelho em estilo missionário, mas realidades concretas, com a própria inércia (por exemplo: a Iniciação à Eucaristia, os sacramentos, as devoções) e com uma mentalidade que permanece distante do que é exigido por uma situação missionária.

O objetivo não é apenas a simpatia e a admiração por Jesus Cristo, mas a fé

O primeiro anúncio busca também suscitar simpatia e admiração por Jesus Cristo. No entanto, esse não é o escopo do anúncio cristão, mas o meio para alcançar a disponibilidade para a fé, juntamente com o desejo de tornar-se discípulo de Cristo.

Nos últimos decênios, no discurso cristão aos pré-adolescentes, adolescentes e jovens, procurou-se muito suscitar uma grande simpatia por Jesus de Nazaré, de modo particular para os gestos significativos e não conformistas instituídos por ele. É um procedimento normal, visto que a fé nasce mais facilmente ao longo do caminho da admiração e da simpatia.

Ora, o primeiro anúncio do Evangelho não pode dizer que alcançou a própria finalidade quando a pessoa interessada, depois de um itinerário mais ou menos longo, encontra-se tocada ou impressionada pelo compromisso caritativo, compassivo e operante de Jesus de Nazaré para com os pobres, os doentes, as pessoas abandonadas, todos aqueles que, de algum modo, são discriminados pela sociedade, e considera, portanto, tal personagem como uma espécie de protótipo da pessoa humana comprometida com a libertação e com a promoção do próximo. Esses aspectos, na medida em que estão efetivamente documentados nos textos do Novo Testamento, certamente não são negligenciáveis, mas deveriam ser passos de um caminho que vai além e que deve ir mais além.

O Evangelho de Marcos é um exemplo de primeiro anúncio que segue como fio condutor a pergunta "quem é este homem?". Ora, a pergunta acerca do Mistério que está presente neste homem diz respeito abertamente à sua relação com Deus. O mistério presente em Jesus é o mistério de Deus. A pergunta acerca desse mistério parece cogitada por Marcos como caminho para conduzir o ouvinte interessado e fascinado à confissão final (da parte de um cristão pagão): este homem é verdadeiramente o Filho de Deus! Está, portanto, orientado para o ato de fé em Jesus Cristo.

Há uma distinção fundamental que deve ser respeitada desde o início. Jesus Cristo deve ser apresentado como uma testemunha que está totalmente tomada por Deus, vive radicalmente para a causa de Deus e demonstra, com as grandes obras, com o ensinamento e com o testemunho de sua vida, que Deus é o centro do ser humano e que na acolhida de seu amor está a fonte da vida eterna. A simpatia e a admiração por Jesus Cristo deve referir-se ao mistério de Deus que ele traz em si e dá testemunho com as obras, com o ensinamento, com o dom da própria vida. A simpatia não é primariamente a admiração por um homem socialmente comprometido, crítico da prática religiosa e da sociedade de então, mas, acima de tudo, simpatia por um homem totalmente absorto em Deus e, por isso, benéfico, reconciliador, libertador em relação ao ser humano.

No campo inicial, trata-se de chegar pelo menos ao ponto de reconhecer nele a presença do próprio Deus, a crer que ele vem realmente de Deus, e é verdadeiro Filho de Deus, aquele que revela e manifesta e torna presente a grande misericórdia de Deus para com todos os seres humanos e, como tal, legitima também uma confiança total e radical nele (= crer em Jesus Cristo), reconhecê-lo como Senhor (lembrar que o nome "Senhor" é usado na Bíblia como indicação do próprio Deus).

A insistência sobre a atitude de fé em Jesus Cristo, como primeiro objetivo do anúncio do Evangelho não significa que se trata de uma atitude sem conteúdo. O encontro com Jesus Cristo e seu Evangelho possui claramente um grande conteúdo, uma visão clara (da qual se falará mais amplamente no parágrafo subsequente). O evangelizador que propõe, nos traços essenciais, Jesus Cristo, suas obras e seu ensinamento, inevitavelmente apresenta também certa visão de Jesus Cristo, uma ideia global daquilo que ele é e representa, portanto, manifestamente, também um conteúdo doutrinal. Do contrário, a fé em Cristo seria um gesto irracional, um salto no escuro, uma espécie de *credo quia absurdum* [creio porque não existe um sentido racional].

Contudo, nesta fase do querigma, repitamos, a preocupação não é a de aprofundar e de especificar detalhadamente os aspectos doutrinais de Cristo e da revelação (tarefa específica do catecumenato e da teologia...), mas muito mais de entrar pessoalmente na relação de fé e na perspectiva da revelação de Deus para nós.

Fé e conversão no plano inicial

É preciso lembrar ou detalhar também outros aspectos importantes. Antes de mais nada, nesta fase não se pode desejar que a fé em Jesus Cristo já seja uma escolha definitiva e acabada. Todo o catecumenato sucessivo conservará, entre outros objetivos, também a meta de consolidar e de levar esta fé em Jesus Cristo à solidez suficiente e à completeza.

Não começamos, portanto, com um conhecimento detalhado do Creio apostólico, pois tradicionalmente esse conhecimento se dá no final do catecumenato. O importante, como finalidade a ser alcançada, é que a fé em Jesus Cristo seja encaminhada seriamente, seja uma "opção" convicta e se refira a esses conteúdos absolutamente centrais que estão presentes no querigma ou no anúncio cristão. Poder-se-ia também falar de conversão inicial a Jesus Cristo.

> A fase do primeiro anúncio conduz a uma conversão inicial e a uma fé inicial em Jesus Cristo. Isso se exprime na preocupação de viver conforme Jesus Cristo e de pertencer a uma comunidade de cristãos. Esta fase deveria ser concluída quando alguém se apresenta pedindo para receber o Batismo.[1]

---

[1] WERNER, E. (ed.). *Erwachsenen fragen nach der Taufe. Eine katechetisch-liturgische Handreichung zur Gestaltung des Katechumenats. Erarbeitet im Auftrag des Deutschen Liturgischen Instituts und der Zentralstelle Pastoral der Deutschen Bischofskonferenz.* München: Deutscher Katecheten-Verein, 1992. p. 10.

Em segundo lugar, nesta fase do anúncio do Evangelho não se pode querer que a pessoa que se orienta para Jesus Cristo e assume uma fé inicial em Cristo (que não é apenas ato de livre escolha, mas antes uma graça divina e de chamado da parte do próprio Deus) tenha imediatamente um enfático comportamento humano e moral que corresponda àquela "novidade de vida", ao nascimento daquele "homem novo", exigido de todo cristão. Tal tipo de formação e de transformação é uma das tarefas centrais do catecumenato. No período culminante do catecumenato (séc. III) dava-se grande importância a esse aspecto, que era verificado e avaliado cuidadosamente por meio de "tutores" e "padrinhos". O compromisso de viver na novidade de vida é uma tarefa que dura a vida inteira do cristão, como consequência e exigência fundamental do Batismo.

Note bem: secundariamente, a finalidade do primeiro anúncio inclui também a disponibilidade e o desejo de fazer o catecumenato, a fim de adquirir as disposições básicas de um verdadeiro discípulo de Jesus Cristo. Evidentemente, não se deve dizer que o objetivo do primeiro anúncio é motivar as pessoas a pedir a inscrição para o catecumenato. Antes, a solicitação do catecumenato é uma consequência do encontro convincente com a pessoa e o Evangelho de Jesus Cristo.

Todo cristão pode testemunhar esta fé

Se tal é a finalidade do primeiro anúncio, não podemos jamais esquecer que, também no momento atual da história, a pregação e a difusão da Boa-Notícia de Deus é uma tarefa urgente e irrenunciável. As finalidades do anúncio cristão não são atingidas por alguém isoladamente, mas somente quando as comunidades cristãs e os cristãos, individualmente, propõem o Evangelho com o testemunho da vida, o testemunho verbal e a celebração dos mistérios cristãos. O anúncio do Evangelho diz respeito, globalmente, a todos os cristãos. Faz parte de sua razão de ser em meio à humanidade. Os cristãos são um povo de testemunhas (*un peuple témoin*). Os apóstolos e os primeiros cristãos compreenderam-no como uma ordem dada pelo próprio Jesus Cristo: "Ide, pois, fazer discípulos entre todas as nações..." (Mt 28,19). São Paulo estava de tal maneira identificado com essa tarefa que pôde escrever aos primeiros cristãos de Corinto: "[...] anunciar o Evangelho não é para mim motivo de glória. É antes uma necessidade que se me impõe. Ai de mim, se eu não anunciar o Evangelho!" (1Cor 9,16).

A respeito dos batizados, a primeira Carta de Pedro diz simplesmente: "[...] estai sempre prontos a dar a razão da vossa esperança [...]" (1Pd 3,15).

Observando a situação atual dos cristãos no mundo ocidental, é difícil dizer que a maior parte esteja preocupada em testemunhar e transmitir a própria fé. De qualquer maneira, não é o caso de generalizar. Com efeito, muitos não cristãos encontram a estrada para o encontro com Jesus Cristo mediante contatos e relações com cristãos leigos. Em diversos países de missão os catequistas leigos é que desenvolveram o grande trabalho de difusão da fé cristã, como, por exemplo, nos tempos iniciais do Cristianismo na Coreia.

Seja como for, é preocupante o profundo desalento ou falta de confiança de muitos cristãos em relação a qualquer forma de testemunho verdadeiro da própria fé perante não cristãos interessados em conhecê-la. Talvez seja devido ao impacto da mentalidade moderna, que considera matéria privada e, acima de tudo estritamente pessoal (individual) tudo o que diz respeito à fé religiosa. Talvez esteja também ligado ao fato de muitos cristãos duvidarem da própria fé, ou, em todo caso, não a viverem com alegria e gratidão. Talvez, portanto, a falta de uma convicção profunda, que considera o Evangelho como valor primário e supremo da existência humana. É difícil calar e não falar daquilo que alguém considera a realidade mais importante da vida.

Conforme já lembramos anteriormente, as imensas dificuldades encontradas hoje para a transmissão da fé a uma nova geração de cristãos convocam as comunidades cristãs à sua tarefa fundamental de evangelizar e de ser uma chamada ativa do Evangelho para aqueles que não são cristãos. Muitas comunidades estão dominadas pela única preocupação pastoral com o próprio rebanho, isto é, com homens e mulheres que ainda frequentam regularmente as funções da Igreja. A missão de irradiar a esperança de Jesus Cristo diante de quem não é cristão ou está indeciso perante o caminho de Jesus Cristo ainda está distante do lugar prioritário que deveria ter nas comunidades cristãs.

O tempo do primeiro anúncio de Jesus Cristo não tem duração fixa

De acordo com alguns guias oficiais para o catecumenato, o tempo do primeiro anúncio do Evangelho pode ser muito breve, ainda que não se deva pular esta etapa. Na Alemanha, as normas oficiais sugerem de quatro a seis semanas, ou de quatro a seis encontros.[2]

À primeira vista, uma afirmação dessa natureza causa certa perplexidade. Essa, porém, é redimensionada se se levam em consideração alguns pressupostos. 1º) A norma diz respeito à organização litúrgica do catecumenato. 2º) Pressupõe-se que as pessoas que vêm ao catecumenato já tenham, de alguma maneira, a fé no único Deus verdadeiro e em Jesus Cristo. Entretanto, para se ter certeza de que é, efetivamente, o caso, a fim de verificar, de alguma forma, e para ter um ponto de partida que seja unitário, costumeiramente inserem-se essas semanas, chamadas de pré-catecumenato ou de primeira evangelização.

É bastante evidente, porém, que o *Ordo* não pretende declarar que, para a passagem do paganismo à fé em Jesus Cristo, bastam quatro ou seis semanas. Situando-se no plano concreto do caminho das pessoas que se abrem à fé cristã, constata-se imediatamente que os tempos são extremamente variáveis e que precisamente essa passagem para a fé no único Deus verdadeiro e para a fé em Jesus Cristo e seu Evangelho é, talvez, a parte mais difícil de todo o processo de passagem ao Cristianismo.

---

[2] Cf. WERNER, *Erwachsenen fragen nach der Taufe*, p. 15: "Fase do primeiro anúncio: algumas semanas antes de celebrar a admissão ao catecumenato, por exemplo, quatro ou seis encontros".

Certamente não se pode excluir que determinadas pessoas, totalmente estranhas à fé, depois da escuta da mensagem cristã, decidam quase imediatamente solicitar a admissão ao catecumenato. A partir da história da evangelização se conhecem casos dessa natureza. O grande missionário francês Alexandre de Rhodes, fundador da Igreja no Vietnã, fazia o primeiro anúncio cristão em oito dias consecutivos. Para os catequistas que deviam assegurar tal anúncio, havia também elaborado um texto, chamado *Cathechismus*, que na verdade não era um catecismo, mas o esquema do primeiro anúncio.[3]

Torna-se difícil, portanto, estabelecer uma regra geral para o anúncio do Evangelho no mundo ocidental. Os caminhos individuais parecem muitas vezes demasiado lentos. Diversas pessoas passam por anos de busca antes de decidir-se a dar um passo adiante.

Para a evangelização na África, no século XIX (1880), Monsenhor Lavigerie exigia, para os postulantes africanos, cerca de dois anos antes do catecumenato. Nesse período, eram-lhes ensinadas as verdades naturais, iluminadas pela revelação.[4]

Em resumo: na prática, antes da admissão ao catecumenato, o itinerário do primeiro anúncio de Jesus Cristo pode durar um tempo muito variável, mais ou menos longo, muitas vezes até mesmo anos. *De per se*, não é necessário tanto tempo para fazer o primeiro anúncio, para apresentar a Alegre Notícia de Deus e de seu projeto sobre o ser humano, mas a pessoa à qual é feito o primeiro anúncio do Evangelho muitas vezes precisa de muito tempo até que assuma essas atitudes de fé em Deus e de fé em Jesus Cristo, as quais são necessárias para fazer o catecumenato. Um exemplo clássico: muitos se lembrarão da história do jovem Agostinho.

---

[3] Cf. ALEXANDRE DE RHODES, sj. *Cathechismus* (1651). Cf. PHAN, Peter C. *Mission and Catechesis. Alexandre de Rhodes & Incilturations in Seventeenth-Century Vietnam*. Maryknoll, New York: Orbis Books, 1998. Tradução inglesa do *Cathechismus*, p. 215-315.

[4] Documentação abundante em: MEERSCH, J. van der. *Le catéchuménat au Rwanda de 1900 à nos jours. Étude historique et pastorale*. Kigali: [s.e.], 1993. p. 68ss.

Quais os conteúdos a serem apresentados no primeiro anúncio?

Existe clareza suficiente a respeito dos conteúdos essenciais da mensagem cristã com vistas à fé e à conversão. A razão principal é que, desde o início, os apóstolos procuraram, com grande responsabilidade, sem acrescentar e sem omitir nada, transmitir o que cada um havia recebido. As dificuldades que se apresentam hoje no campo da primeira evangelização provêm principalmente do contexto diferente no qual nos encontramos hoje, e também, em parte, dos desenvolvimentos de pensamento e de reflexão que se verificaram posteriormente na Igreja.

Eu vos transmito aquilo que eu também recebi...

O Evangelho, em seu significado originário, não se refere aos livros dos Evangelhos (Mateus, Marcos, Lucas, João). Ao contrário, não é um livro, mas a "Boa-Notícia de Deus" (na pregação de Jesus: Mc 1,14), é a "Boa-Notícia de Jesus Cristo", pregada pelos apóstolos com o intento de suscitar discípulos de Cristo.

Os textos clássicos do Novo Testamento que relatam a mensagem cristã ou Evangelho encontram-se sobretudo nos discursos missionários de Atos dos Apóstolos e, em medida reduzida, nas Cartas de São Paulo. Por outro lado, os próprios Evangelhos estão profundamente marcados pela atividade do primeiro anúncio.

Para os catequéticos, é muito importante levar em conta que, juntamente com uma unidade substancial de conteúdos, existem diferenças significativas entre o modo com que o querigma é pregado aos judeus e o modo com que é pregado aos pagãos.

Dado que todo leitor tem facilmente à disposição os textos do querigma em qualquer edição do Novo Testamento, limitamo-nos a indicar os textos, distinguindo entre textos querigmáticos que dizem respeito à pregação de Jesus Cristo aos judeus (de longe os mais amplos e detalhados) e os que se referem prevalentemente à proposta do Evangelho aos pagãos (neste caso são fragmentos e indicações bastante sumárias).

Textos que dizem respeito à mensagem evangélica aos judeus

Os textos principais que se referem ao Evangelho aos judeus são: 1º) O grande discurso missionário de Pentecostes (At 2,14-39); 2º) O discurso de Pedro perante o Sinédrio (At 3,12-26); 3º) O discurso de Pedro diante de Cornélio, onde já aflora o problema do anúncio do Evangelho aos pagãos (At 10,34-43); 4º) O discurso de Paulo em Antioquia da Pisídia, muito importante por causa da decisão de passar para a evangelização dos pagãos (At 13,16-40). A este grupo pertence, ao menos em parte, 1Cor 15,3-11.

A pregação do Evangelho aos pagãos

Os textos principais que são pertinentes ao querigma aos pagãos são: 1Ts 1,9-10; At 14,15-18; 17,22-31; e, indiretamente, também At 10,34-43.

Os núcleos temáticos da mensagem cristã

Para focalizar cada um dos núcleos conteudísticos da mensagem cristã, é fácil encontrar apoio nos numerosos estudos que foram feitos sobre tal temática. Todos os dicionários de teologia e de teologia bíblica oferecem esses conteúdos, muitas vezes sob o verbete "querigma", ou "pregação apostólica", ou "pregação missionária". Muitos estudiosos procuraram propor esses conteúdos essenciais de acordo com certa organicidade. Pode-se recorrer a um dos numerosos estudos sobre o querigma no Novo Testamento ou na patrística.[5] Apresentamos aqui

---

[5] CHIARINELLI, L. Evangelizzazione come annuncio della parola. *Orientamenti pastorali* 21 (1973) 6-17. CLIFTON, J. Shaping the Kerygma. A Study of Acts. *The Living Light* 10/4 (1973) 522-531. DANIÉLOU, J. Le kérygme selon le christianisme primitif. In: HENRY, A.-M. (ed.). *L'annonce de l'Evangile aujourd'hui*. Paris: Cerf, 1962. p. 67-86. HENRY, A.-M. *La force de l'Evangile*. Paris: Mame, 1967. Trad. ital. *La forza*

(brevemente) alguns esquemas nos quais essas temáticas são apresentadas.

Os conteúdos essenciais da pregação apostólica segundo C. Dodd

Uma referência clássica para os conteúdos essenciais da mensagem cristã são os estudos de C. Dodd acerca da pregação apostólica, os quais indicam, com bastante precisão, as temáticas e os conteúdos do primeiro anúncio ou da mensagem evangélica.

É verdade que nada dizem sobre as modalidades concretas com as quais, em diversas circunstâncias, tais conteúdos seriam apresentados. A razão é que esses aspectos são insuficientemente documentados ou totalmente negligenciados.

Os estudos sobre o Novo Testamento distinguem, via de regra, entre a formulação do querigma na primeira comunidade de Jerusalém e a que se encontra nos grandes discursos de Atos dos Apóstolos. De qualquer maneira, substancialmente, são os mesmos conteúdos.

O esquema do antigo querigma da Igreja de Jerusalém

Para uma síntese dos conteúdos do antigo querigma da comunidade de Jerusalém e de Paulo (as Cartas Paulinas escritas em torno dos anos 50 da Era Cristã), dispomos do clássico estudo de C. H. Dodd. O resultado das pesquisas é sintetizado da seguinte forma:

> É verdade que o querigma, tal qual resulta das Cartas Paulinas, é fragmentário. Uma reconstrução, em todo caso, é até mesmo necessária. Podemos, pois, delinear certo esquema assim concebido:

---

del vangelo. Assisi: Citadella, 1969. RAHNER, K. Die missionarische Predigt. In: ARNOLD, F. X.; RAHNER, K. et alii (ed.). *Handbuch der Pastoraltheologie.* Freiburg: Herder, 1964. v. I, p. 220-229. SCHMITT, A.-M. J. Art. Prédication apostolique. In: *Dictionnaire de la Bible.* Paris: Letouzey et Ané, 1972. Supplément, v. VIII, col. 246-273. WILCKENS, U. *Die Missionsreden der Apostelgeschichte.* 3. Aufl. Neukirchen, Neukirchener Verlag, 1974.

- As profecias se realizaram e o novo tempo teve início com a vinda de Cristo.
- Ele nasceu da descendência de Davi.
- Morreu, segundo as Escrituras, a fim de libertar-nos do mal do tempo presente.
- Foi sepultado e ressurgiu no terceiro dia, conforme as Escrituras.
- Exaltado à direita de Deus, na qualidade de Filho e Senhor dos vivos e dos mortos, virá de novo como juiz e salvador dos homens.[6]

O querigma de acordo com o esquema dos grandes discursos dos Atos

Em segundo lugar, os conteúdos que emergem nos quatro grandes discursos de Lucas em Atos dos Apóstolos. O esquema dos discursos é substancialmente idêntico. A síntese de C. Dodd é a seguinte:

1. É o dia no qual se cumpriram todas as grandes profecias: desponta a aurora da Era Messiânica.
2. Tudo isso foi realidade na vida, na morte e na ressurreição de Jesus:
   - descendente de Davi;
   - seu ministério foi aprovado por Deus mediante milagres, prodígios, sinais; um Mestre autorizado;
   - sua morte aconteceu de acordo com um plano preciso, que fora indicado pelos profetas (cf. At 3,13-14);
   - a ressurreição dos mortos.
3. Com base na ressurreição, Jesus assenta-se à direita de Deus, tornando-se o chefe messiânico de um Novo Israel. Deus o constituiu Senhor e Cristo.
4. O Espírito na Igreja é sinal da glória efetiva de Cristo (At 2,33).
5. O tempo messiânico será de breve duração e terminará com o retorno de Cristo. (Note bem: em At 1–4, existe uma

---

[6] DODD, C. H. *La predicazione apostolica e il su sviluppo*. Brescia: Paideia, 1973. p. 19-20.

única alusão a Cristo Juiz. Em At 10,42: "E ele nos mandou proclamar ao povo e testemunhar que Deus o constitui Juiz dos vivos e dos mortos").

6. O discurso é sempre concluído com a exortação à penitência, pelo dom do Espírito Santo e pela promessa de vida eterna. Cf. At 2,38-39: "Convertei-vos de vossa iniquidade".[7]

O esquema do querigma proposto por R. Schnackenburg

O exegeta alemão R. Schnackenburg (com evidente referência aos estudos de C. H. Dodd) resume o querigma nos seguintes pontos:

1º) É chegado o tempo em que se cumprem as promessas proféticas: o Reino de Deus está próximo.

2º) Estas promessas realizaram-se nas obras terrenas, na morte e na ressurreição de Jesus.

3º) Com base na ressurreição, Jesus foi exaltado e colocado à direita de Deus e se tornou messias e senhor para o novo Israel.

4º) O Espírito Santo na Igreja é o sinal do poder atual e da glória de Cristo.

5º) A Era Messiânica terá sua plenitude no retorno de Cristo.

Por fim, os ouvintes são exortados a converter-se e a receber o Batismo.[8]

Não é difícil perceber ou intuir que muitas destas temáticas tornam-se compreensíveis dentro da moldura da fé hebraica e para pessoas que estavam permeadas pela tradição judaica. Ao contrário, sem um caixilho diferente, tornam-se dificilmente inteligíveis por não cristãos do ambiente pagão. Pressupõe-se, por exemplo, que os ouvintes já saibam que

---

[7] Ibid., p. 24-27.

[8] Cf. SCHNACKENBUNG, R. Der "Katechismus der Urchristenheit". In: KASPER, W. (ed.). *Einführung in den katholischen Erwachsenenkatechismus*. Düsseldorf: Patmos, 1987. p. 38-39. Cf. AMATO, A. *Gesù il Signore. Saggio di cristologia*. Bologna: Edizioni Dehoniane, 1988. p. 127.

Deus ama os seres humanos, que ele quer uma aliança com eles, que realizará um reino de justiça e de paz, que enviará o Messias... Quando, porém, se anuncia Jesus Cristo aos pagãos, será necessário detalhar mais explicitamente essas temáticas que não se podem pressupor e que, em geral, não são conhecidas.

A apresentação do querigma segundo P.-A. Liégé

P.-A. Liégé preocupou-se muito com apresentar os conteúdos clássicos do querigma cristão imprimindo-lhes maior organicidade, esperando que, assim, sejam mais úteis para o anúncio cristão ao homem de hoje. Duas exemplificações.

No artigo *Kerygma* (1967), propõe um esquema do querigma em três pontos:

1º) A primeira grande realidade que é preciso testemunhar no anúncio cristão é o evento Jesus Cristo: "Sua manifestação histórica, os atos e as palavras, a Páscoa e, sobretudo, a gloriosa Ressurreição. O que aconteceu em Jerusalém é o cumprimento da história da salvação. Em Jesus, Deus sintetiza definitivamente sua revelação e sua ação salvífica. É a hora em que se manifestam as intenções definitivas de Deus sobre a criação". Atribuem-se a Jesus todos os grandes títulos messiânicos, que já são conhecidos pela relação através dos profetas de Israel. "O querigma ou mensagem cristã anuncia antes de tudo o evento e a identidade daquele no qual se cumpriu." Jesus Cristo é o Evangelho de Deus.

2º) A interpretação dos fatos que aconteceram e dos quais os apóstolos são testemunhas traz à luz "o significado escatológico ou definitivo do evento Jesus Cristo. Vale dizer, realizam as últimas intenções de Deus na história: o juízo, a convocação dos homens para uma aliança e para um Reino, Deus oferece uma salvação que tira o pecado e abre para a vida eterna".

3º) O terceiro grande aspecto do anúncio evangélico é a exortação à conversão evangélica: aceitar a salvação; entrar na aliança; associar-se à comunidade do tempo final; entrar na nova relação com Deus mediante o único mediador, Jesus

Cristo. O Espírito Santo, mandado pelo Cristo Ressuscitado, e a pregação apostólica exortam o homem à conversão.[9]

Em seu curso de *Teologia da evangelização* (inédito),[10] apresenta um esquema levemente diverso, que pode ser de ajuda às pessoas que provêm da catequese tradicional paroquial. O processo global do anúncio evangélico é apresentado em quatro tempos.

1º) O *Tempo narrativo*: "Anunciando o Evangelho às pessoas de hoje, não se pode jamais negligenciar uma breve biografia de Jesus, a qual, no fundo, sintetiza toda a história da salvação. O primeiro anúncio começa, portanto: Era uma vez um homem chamado Jesus...".

2º) O *Tempo reflexivo e significativo*. Os acontecimentos ou o evento Jesus Cristo têm um significado que é preciso realçar. Mister se faz, portanto, responder à pergunta: "Que disse Deus no evento Jesus Cristo?". Na pregação apostólica, são esclarecidos três significados fundamentais:

a) **significado epifânico**, ou seja, o que Deus tornou conhecido (revelação) a respeito de si mesmo, seu projeto sobre o ser humano e o juízo iminente;

b) **significado pascal**: "no evento Jesus Cristo, Deus mesmo vem para realizar a salvação" para o ser humano, "não apenas no sentido de eliminar as penas devidas ao pecado, ou de superar uma situação de mal e de sofrimento, mas também no sentido positivo e pleno de pôr em marcha a história humana rumo à última plenitude que coincidirá com as intenções criadoras de Deus, no sentido de cumprimento derradeiro de todas as coisas, quando estas serão levadas a coincidir com as intenções últimas do Criador", até o "recapitular todas as coisas em Cristo".

c) **significado pentecostal**: uma convocação universal e última de todos os seres humanos.

---

[9] Cf. LIÉGÉ, P.-A. Art. Kérygma. In: *Catholicisme*. Paris: Letouzey & Ané, 1967. v. VI, col. 1414-1415.

[10] Cf. LIÉGÉ, P.-A. *Théologie de l'évangelisation*. Paris: Institut de Pastorel Catéchétique, [s.d.: 1969(?)]. p. 28-29 (texto apostilado para uso dos estudantes).

3º) *O Tempo da confissão*: levar todos a professar (confessar): Jesus é, para mim, o Senhor.

4º) *O Tempo da exortação e do apelo*: vistos todos os aspectos indicados precedentemente: a) "todo homem que recebe esta mensagem é convidado, com urgência, a tomar uma decisão que, para ele, torna atual o juízo, a salvação e a convocação"; b) "o mesmo Espírito Santo se volta para toda liberdade humana com vistas à conversão. A conversão é a decisão que brota especificamente deste evento vindo de Deus na pessoa de Jesus Cristo. A conversão consistirá no aceitar o evento, no entrar neste juízo de Deus, no aceitar a salvação e no responder à convocação, reconhecendo a identidade de Jesus e entrando na comunidade de seus discípulos".

O querigma no quadro da cristologia e da soteriologia

A fim de evitar a impressão de que todos os esquemas do querigma estão ligados aos sinóticos, a Atos dos Apóstolos e a São Paulo, convém indicar também uma linha de pesquisa que se inspira particularmente no Evangelho de João.

Em um congresso recente sobre a unicidade de Jesus Cristo diante do pluralismo religioso, o teólogo E. Vanden Berghe, reitor do seminário de Bruges, insistiu sobre o fato de que a proposta do querigma ao homem de hoje poderia ser feita oportunamente segundo a linha cristológica (crer que Jesus é o Messias, o Filho de Deus) e soteriológica (possuir a vida eterna no nome de Jesus) de João.[11]

Poder-se-ia partir da pergunta: por que razão os apóstolos e outros evangelistas gastam a vida na pregação da mensagem evangélica, indo também a lugares distantes e inóspitos, a fim de levar às pessoas a fé em Jesus Cristo?

---

[11] Cf. VANDEN BERGHE, E. Jesus Christus, Heer en Redder: christologie en soteriologie in verkondiging en pastoraal [Jesus Cristo, Senhor e Salvador: cristologia no anúncio do Evangelho e na pastoral]. In: HAERS, J.; MERRIGAN, T. (ed.). *Christus in veelvoud. Pluraliteit en de vraag naar eenheid in de hedendaagse christologie*. Leuven: Acco, 1999. p. 23-24.

A resposta deve ser buscada naquilo que eles viveram juntamente com este Jesus que está no centro da pregação deles. Que aconteceu concretamente? Estes se viram envolvidos em um acontecimento que apresenta pelo menos duas articulações.

O núcleo das primeiras testemunhas é composto por pessoas que conheceram pessoalmente o Jesus "histórico". Sabem como foi condenado e justiçado. Agora, estes testemunham que, depois de sua morte escandalosa sobre o Gólgota, aconteceu outra coisa: pouco tempo depois, encontraram-no como o Vivente. Deus mesmo, depois do Gólgota, realizou algo totalmente novo e inesperado: ressuscitou dos mortos o Crucificado. O Pai "exaltou" o Filho. De agora em diante, Jesus está presente junto aos seus como Senhor glorificado e assim permanecerá.

Ademais, testemunham que, ao mesmo tempo e repentinamente, aconteceu algo também com eles mesmos. Foram arrastados por um novo dinamismo que os transformou completamente, fazendo-os tornar-se homens novos. Estes mesmos testemunham ter recebido o Espírito do Senhor ressuscitado. Fizeram a experiência de que seus pecados foram perdoados e que somente agora compreendem as Escrituras; que formam uma comunidade e que são impulsionados de modo irresistível a ir pelo mundo anunciando este evento de salvação. Para eles, é claro que tudo isso não brota de sua iniciativa, mas é obra de Deus.[12]

---

[12] Cf. também: DONDEYNE, A. Jésus-Chrsit libère et unit. Réflexions oecuméniques sur le thème de l'Assemblée mondiale de Nairobi. *Revue théologique de Louvain* 6 (1975) 293: "Crer em Jesus Cristo significa entrar em uma tradição que remonta aos primeiros Apóstolos e, através deles, ao evento Cristo, do qual foram testemunhas diretas [...]. As expressões 'evento Cristo' e 'experiência de Jesus' são tomadas em sentido amplo e global, e compreendem, ao mesmo tempo, a vida e o ensinamento de Jesus de Nazaré, sua morte e sua ressurreição e, enfim, a experiência da força libertadora do Espírito Santo que acompanhava a fé em Jesus Cristo e fazia do crente um homem novo, o qual é criado segundo a imagem de Deus em verdadeira justiça e santidade (Ef 4,24). Uma coisa é certa: a fé em Cristo nasceu nos Apóstolos do fato que os diversos momentos de sua experiência com Jesus (sua vida, sua doutrina, sua morte e ressurreição, a efusão do Espírito Santo) apareceram-lhes como uma totalidade significativa e indivisa, um evento libertador *sui generis*, vale dizer, a irrupção decisiva de Deus na história da humanidade, para a salvação de todos, hebreus e pagãos" (Rm 1,16).

Em seguida a estes acontecimentos desconcertantes – prossegue a apresentação de E. Vanden Berghe –, as primeiras Testemunhas "releram" a vida de Jesus e compreenderam a verdadeira identidade daquele Jesus que haviam conhecido antes da Páscoa. Retrospectiva e seletivamente (sempre segundo a posição de João), apresentaram os fatos, testemunhando a relação absolutamente única de Jesus Cristo com Deus Pai (o Filho de Deus) e a relação absolutamente singular do Cristo com cada ser humano (Salvador, caminho da salvação e da vida eterna). E tudo isso tem caráter firme, permanente e definitivo (dimensão escatológica).

Existem, indubitavelmente, muitas outras formulações dos conteúdos fundamentais da mensagem cristã, em uma fidelidade substancial ao que já remonta à tradição apostólica.

Alguns esclarecimentos acerca dos conteúdos da mensagem cristã

Quanto à antiga tradição cristã, parece bastante claro e bem estabelecido quais são os temas ou conteúdos centrais da mensagem cristã. Fizemos também uma tentativa de esboçar uma apresentação dos mesmos conteúdos naquela maneira concisa e elementar que é exigida pelo primeiro encontro com Jesus Cristo e com o Evangelho, em contextos contemporâneos.

Na prática, porém, muitos catequistas e evangelizadores tropeçam amiúde em uma série de questões e incertezas quanto aos conteúdos precisos da mensagem cristã. Tais dificuldades provêm de dois ângulos ou preocupações diversas.

A primeira fonte de preocupação é a experiência catequética dos próprios catequistas, os quais estão frequentemente receosos de que os poucos temas essenciais da mensagem cristã não sejam suficientes, ou, então, gostariam que algum tema muito caro à sua devoção pessoal fosse também amplamente proposto desde o início.

A segunda fonte de questionamentos diz respeito à preocupação de dizer mais explicitamente alguns dados essenciais da fé, e precisamente a fim de que a mensagem cristã possa aparecer mais facilmente ao homem de hoje como Alegre Mensagem. A dificuldade está ligada acima de tudo à vocação última do ser humano. Portanto, não somente o tema da remissão dos pecados, mas também o da vocação a viver eternamente com Deus em seu Reino de paz e de justiça. Limitamo-nos a indicar as principais dificuldades, com uma breve explicação. Para os problemas que se relacionam mais diretamente aos métodos, confira o capítulo que segue.

Bastam estes conteúdos centrais a fim de apresentar integralmente o Evangelho?

A ânsia de alguns catequistas concerne ao fato de no primeiro anúncio do Evangelho aos não cristãos deveriam ser apresentados somente os dados centrais e essenciais da mensagem cristã. Quem está acostumado à prática do catecismo tem facilmente a impressão de que muitas verdades de fé não constam entre esses conteúdos centrais do querigma cristão. Por outro lado, nos últimos decênios os documentos eclesiásticos exigem taxativamente a apresentação integral da mensagem cristã – por exemplo: *Catechesi Tradendae* (1979) e o *Catecismo da Igreja Católica* (1992).

Tal preocupação é compreensível, mas, na realidade, o motivo é inconsistente. O princípio de fundo é: a mensagem evangélica deve ser apresentada integralmente desde o início, mas a explicitação dos diversos dados centrais é tarefa da catequese do catecumenato e é prosseguida por outras formas de catequese que se realizam no decurso da vida cristã.

A possibilidade de propor, acolher, crer em todo o Evangelho desde o primeiro anúncio está ligada ao fato de que o Evangelho não é, antes de mais nada, uma coleção de verdades dogmáticas, mas é uma pessoa: Jesus Cristo mesmo é, para todo homem, a Alegre Mensagem de salvação da parte de Deus. E é justamente o que se faz no primeiro anúncio: todo o Evangelho é indicado e proposto evocando os fatos salvíficos centrais operados por Deus em Jesus Cristo, e o ouvinte é solicitado à aceitação global de Jesus Cristo.

De acordo com J. Schmitt, pode-se dizer que o anúncio cristão, o Evangelho de Jesus Cristo, em sua forma mais simples e sintética, "é, por definição, a mensagem do Cristo morto e ressuscitado".[13] Ou ainda, com a expressão de W. Kasper, "o único Evangelho de Deus, que por meio de Jesus Cristo, no Espírito Santo, é a salvação do homem e do mundo".[14]

Com efeito, a quintessência do Evangelho, a única verdade na qual está todo o mistério da salvação é Jesus Cristo, Senhor e salvador. Jesus Cristo é o Evangelho de Deus. Evidentemente, não é essa pequena frase, mas este mistério central que deve ser anunciado: a pessoa de Jesus Cristo e a grande iniciativa que Deus manifesta e torna operante nele para a salvação de todos os seres humanos, chamado-os à vida eterna e indicando o caminho que devem percorrer para alcançar tal meta.

Já antes do Concílio Vaticano II o problema foi colocado em conexão com o primeiro anúncio da fé. Falando da hierarquia das verdades, P.-A. Liégé escreveu:

> Afinal de contas, não existe senão um único mistério, mistério orgânico que contém toda a Palavra de Deus na unidade de uma lógica vivente, profundamente percebida pelo crente. Nem todos os aspectos do mundo da fé têm a mesma importância: a hierarquia deles será estabelecida em referência ao mistério central de Jesus Cristo.[15]

Com outras palavras: quem crê sinceramente que Jesus Cristo é a manifestação e a realização do que Deus quer ser na vida do ser humano, a oferta concreta de reconciliação e de salvação, o caminho para realizar em nós e no

---

[13] SCHMITT, J. Prédication apostolique, col. 270.

[14] KASPER, W. Tradiereung und Vermittlung als systematisch-theologisches Problem. In: FEIFEL, E.; KASPER, W. (ed.). *Tradierungskrise des Glaubens*. München: Kösel, 1987. p. 42.

[15] LIÉGÉ, P.-A. Cap. VIII: Fede. In: GRUPPO DI TEOLOGI (org.). *Iniziazione teologica. Teologia morale*. Brescia: Morcelliana, 1955. v. III, p. 414.

mundo o grandioso plano de Deus para o ser humano, o único verdadeiro Senhor do ser humano e da história... aceita já, em substância, todo o dogma e toda a vida cristã, ainda que, a seguir, reste-lhe um enorme trabalho a realizar, a fim de tornar-se deveras discípulo de Cristo (catequese, catecumenato).[16]

Há um exemplo muito animador, dado pelo mesmo Jesus Cristo, que todo catequista deveria considerar. Em sua pregação, Jesus faz uso precisamente dessas apresentações globais nas quais se encontra toda a revelação de Deus e daquilo que o ser humano deve fazer para ter parte na salvação de Deus. No Evangelho de Mateus (Mt 22,34-40) se lê:

> Os fariseus ouviram dizer que Jesus tinha feito calar os saduceus. Então se reuniram, e um deles, um doutor da Lei, perguntou-lhe, para experimentá-lo: "Mestre, qual é o maior mandamento da Lei?". Ele respondeu: "'Amarás o Senhor, teu Deus, com todo o teu coração, com toda a tua alma e com todo o teu entendimento!' Esse é o maior e o primeiro mandamento. Ora, o segundo lhe é semelhante: 'Amarás teu próximo como a ti mesmo'. Toda a Lei e os Profetas dependem desses dois mandamentos".

Tal formulação lapidar é uma referência segura, que contém toda a revelação do Antigo Testamento e que, notoriamente, é também radicalmente assumida no Evangelho. É claro que isso exige, em seguida, muita explicação e esclarecimento. Mas a formulação como tal, ademais facilmente recordada, permanece por toda a vida como uma referência garantida.

Em resumo: como regra, é preciso apresentar o Evangelho em sua globalidade e totalidade desde o início. Como primeira modalidade, são propostos os dados essenciais e cen-

---

[16] Muitos catequistas recordar-se-ão do drama e dos mal-entendidos em torno da condenação do "catecismo progressivo" de J. Colomb, no ano de 1957, que provavelmente teria tido um desfecho diferente se todos se tivessem referido ao princípio da hierarquia das verdades ou da apresentação global da mensagem cristã. ADLER, G.; VOGELEISEN, G. *Un siècle de catéchèse en France 1893-1980. Histoire – déplacements – enjeux*. Paris: Beauchesne, 1981. p. 208-224.

trais da mensagem cristã. A seguir, gradualmente, far-se-á a explicitação deles nas fases sucessivas do catecumenato ou na iniciação cristã dos batizados.

É preciso apresentar a vocação final do ser humano à vida eterna com Deus?

O problema é se já no primeiro anúncio da fé cristã é necessário falar da vocação do ser humano à vida eterna com Deus. Muitos argumentos parecem favorecer tal solução.

Antes de mais nada, a pregação de Jesus Cristo começa com a proclamação da vizinhança do Reino de Deus. Trata-se manifestamente de um grande projeto ou de uma grande iniciativa, da qual os contemporâneos de Jesus tinham já certo conhecimento (ainda que nem todos o imaginassem da mesma maneira).

No encontro com a mulher samaritana, em um evidente contexto de primeiro anúncio, Jesus acena precisamente para este grande projeto de Deus e para a vocação final do ser humano: "[...] Se conhecesses o dom de Deus [...]" (Jo 4,10).

São Paulo fala do grande mistério escondido desde os séculos em Deus (Ef 3,9), vale dizer, o fato de que todos os pagãos são chamados à mesma herança que é destinada ao povo de Israel. Este projeto é manifestado (revelado) e executado por Jesus Cristo. Claramente diz respeito ao chamado a tornar-se filhos de Deus, em Jesus Cristo, para viver eternamente com Deus em seu reino de paz e de justiça.

Por fim, muitas pessoas que buscam o contato com um sacerdote ou com outros cristãos, em um contexto de primeiro anúncio do Evangelho, já são movidas e motivadas pela convicção de que o destino do ser humano não é cumprido na breve duração da existência terrena. No mínimo, tais pessoas vivem com uma interrogação real quanto à vocação última do ser humano e reagem contra o sentimento de inutilidade que muita gente experimenta diante do universo imenso, no qual nossa existência individual parece completamente insignificante. Para o cristão, é a certeza de que neste universo existe *alguém* com um imenso amor para cada um de nós, que pensa em cada um e chama todo ser humano para uma vocação maravilhosa de Vida, de Comunhão e de Amor, em uma relação pessoal com Deus.

O texto do Salmo 8 é sempre apropriado para evocar a pergunta respeitante ao destino final do ser humano.

No primeiro anúncio de Jesus Cristo é preciso apresentar também o Antigo Testamento?

Na apresentação de Jesus Cristo aos pagãos é necessário fazer prévia ou contemporaneamente um discurso explícito sobre a história do Antigo Testamento?

A posição de P.-A. Liégé foi bastante clara: "Quando estes pagãos se tiverem tornado cristãos, recapitularão o Antigo Testamento, dele fazendo uma leitura cristã (estágio da catequese)".[17]

À primeira vista, também São Paulo parece negligenciar a referência ao Antigo Testamento. No conhecido discurso em Atenas se lê:

> Mas Deus, sem levar em conta os tempos da ignorância, agora faz saber à humanidade que todos, em todo lugar, devem converter-se. Pois ele estabeleceu um dia para julgar o mundo com justiça, pelo homem a quem designou. Mostrou a todos que ele é digno de fé, ressuscitando-o dos mortos (At 17,30-31).

São Paulo refutou notoriamente a tese de que o candidato cristão deveria previamente converter-se ao Judaísmo. Além do mais, nos textos, infelizmente muito insuficiente, nos quais se percebe algo do primeiro anúncio do Evangelho aos pagãos, não se veem referências explícitas à história de Israel e, de modo geral, ao Antigo Testamento.

Todavia, considerando mais atentamente o problema, algumas explicações parecem necessárias.

---

[17] LIÉGÉ, P.-A. *Théologie de l'évangélisation*. Paris: ISPC, 1969-1970. [*pro manuscripto*], p. 31.

Quando se trata de pregar Jesus Cristo aos judeus, não há dúvida de que se deve demonstrar que Jesus é realmente o Messias pré-anunciado pelos grandes profetas. Os Evangelhos, em particular Atos dos Apóstolos, em medida mais reduzida, esclarecem bem que Jesus é o cumprimento de tudo quanto está dito na Escritura a respeito do futuro Messias.

A rigor, não é verdade que São Paulo, propondo o Evangelho de Jesus Cristo aos pagãos, salta completamente o Antigo Testamento. Com efeito, ele considera essencial o discurso sobre o monoteísmo, ou seja, sobre a fé no único Deus verdadeiro (cf. o primeiro capítulo). Para os pagãos, a conversão ao único Deus inclui também o afastamento das crenças e das principais práticas da religiosidade pagã. O dado está amplamente atestado. De qualquer modo, esta fase parece preceder o anúncio de Jesus Cristo.

De resto, é bastante claro que São Paulo apela para a Providência geral de Deus.[18]

Uma observação externa e complementar poderia chamar a atenção para o fato de que, por exemplo, na cultura ancestral africana, a realidade do Antigo Testamento, por causa de certas afinidades culturais e antropológicas, é mais facilmente acessível do que em muitas outras culturas. Por isso, muitos africanos escutam de bom grado elementos da história do Antigo Testamento.

O apelo à fé e à conversão faz parte do conteúdo?

Para os catequistas provenientes da catequese paroquial, não fica logo evidente se o apelo à fé e à conversão, com a motivação do juízo de Deus sobre o ser humano e sobre o mundo, seja um elemento essencial da mensagem cristã, ou simplesmente um complemento exortativo que, de fora, é acrescentado a essas verdades essenciais.

A resposta é que o apelo dirigido ao ser humano pela pregação de Jesus e pelo primeiro anúncio da parte dos apóstolos faz parte do conteúdo mesmo da mensagem. A manifestação de Deus, de seu plano a respeito de toda criatura

---
[18] Ibid.

humana não se situa no nível da informação ou do comunicado de imprensa. Não é simplesmente a apresentação de um pacote de verdades intelectuais. O que Deus manifesta exige, essencialmente e por si, ser escutado, levado a sério e acolhido positivamente. Nisso o primeiro anúncio é também eminentemente diferente dos ensinamentos dogmáticos, ou da doutrina cristã.

De acordo com a conhecida distinção entre linguagem primeira e linguagem segunda na revelação cristã, é preciso dizer que o primeiro anúncio se encontra no prolongamento da primeira linguagem, ou seja, de Jesus Cristo e dos fatos de Jesus Cristo, nos quais Deus revela a si mesmo e o seu plano a respeito do ser humano. O primeiro anúncio deveria ser, em primeira instância, escutado como a palavra mesma de Deus, que ressoa através da voz e da presença do evangelizador.

A segunda linguagem se refere a todas as considerações intelectuais e racionais que buscam compreender melhor a revelação e relacioná-la com as realidades concretas da vida e do mundo em que vivemos. Este é, especificamente, o âmbito da teologia e, mais imediatamente, da catequese catecumenal.

Estamos diante de uma característica fundamental do anúncio cristão. De um estudo do exegeta H. Merklein, recordamos os quatro pontos da conclusão, os quais parecem particularmente adequados para ilustrar esse aspecto.

1º) "Pregar o Evangelho não é, em primeiro lugar, uma questão de doutrinamento, no sentido de comunicação de uma doutrina. Indubitavelmente, as tradições doutrinais devem ser transmitidas e, efetivamente, são transmitidas por São Paulo (cf. 1Cor 15,3-5). O 'Evangelho', porém, não pode ser reduzido a uma realidade simplesmente objetiva."[19]

---

[19] MERKLEIN, H. Zum Verständnis des paulinischen begriffs "Evangelium". In: *Dynamik im Wort. Lehre von der Bibel. Leben aus der Bibel. Festschrift aus Anlass des 50 jährigen Bestehens des Kaht. Bibelwerkes in Deutschland, 1933-1983.* Stuttgart: Katholischen Bibelwerk, 1983. p. 232. Cit. WALDENFELS, H. *Kontextuelle Fundamentaltheologie.* Schöning: Paderborn, 1985. p. 412.

2º) A pregação do Evangelho torna (quase sacramentalmente) presente o agir salvífico de Deus em Jesus Cristo. A palavra do querigma é força de Deus. Tal palavra está preocupada, antes de mais nada, com a renovação dos seres humanos e não apenas ou primariamente com a conservação imutável de um patrimônio doutrinal.

3º) O Evangelho permanece fiel à sua orientação escatológica, quando não se detém na tradição existente. O anúncio da mensagem evangélica é, também hoje, um acontecimento que é chamado a renovar o mundo.

4º) A pregação do Evangelho não é apenas uma recordação atual da obra salvífica passada, mas é continuidade desta obra rumo a seu cumprimento escatológico: esta torna visível, portanto, de modo criativo, a obra salvífica de Deus em ação. Por conseguinte, aquele que anuncia o Evangelho não pode dispor autonomamente deste; ao contrário, deve estar consciente de que ele funciona como voz profética da Palavra de Deus.[20]

Em resumo: no primeiro anúncio do Evangelho a preocupação dominante não é a de levar a doutrina cristã (= "doutrinamento", formação doutrinal, catecismo) nem a de aumentar os conhecimentos dogmáticos. Ao contrário, tudo é orientado e dirigido para a fé no único Deus verdadeiro, para o amor de Deus, para a fé em Jesus Cristo, para a esperança da vida eterna com Deus.

No primeiro anúncio do Evangelho é necessário falar do pecado?

Entre os temas clássicos do querigma cristão não parece estar presente, ao menos não explicitamente, o tema do pecado. Proveniente de uma catequese que sempre sublinhou o lugar central do pecado e do homem pecador no Cristianismo, diversos catequistas se perguntam se neste primeiro anúncio de Jesus Cristo é necessário falar do pecado, ou seja, do homem pecador. Afinal de contas, a profissão de fé apostólica menciona claramente a remissão dos pecados.

---

[20] Ibid.

A resposta à dificuldade não deixa espaço a dúvidas. No primeiro anúncio do Evangelho é preciso absolutamente falar do pecado. Isso não quer dizer, porém, que é necessário falar do pecado como se fosse um tema autônomo e isolado. E certamente não significa que, anunciando o Evangelho, a primeira realidade a ser apresentada seja a do homem pecador. O lugar apropriado para falar disso é o testemunho central de que Jesus Cristo morreu "por nossos pecados".

De fato, parece impossível que se possam apresentar os fatos fundamentais de Jesus sem falar abertamente de seu empenho em ir à busca do pecador, de perdoar e de reconciliar. Igualmente, a apresentação de Jesus Cristo é inseparável da oposição que nasceu em torno de sua pregação, com uma decidida vontade de suprimi-la para sempre, matando-o. Dessa forma, emerge, e com grande evidência, a alma perversa que existe no ser humano, no sentido de que não respeita nem mesmo o homem justo e inocente, temente a Deus e amante do próximo, mas tende a sufocar sua presença, seu exemplo e sua voz.

Falando da Paixão de Jesus Cristo, não se pode deixar de lado a interpretação específica do Novo Testamento, ou seja, que os nossos pecados recaíram sobre ele. Na realidade, seria compreensível que nós, como pecadores, fôssemos ao encontro de sofrimentos e de castigos. No entanto, ao contrário, aquilo que nos cabe recaiu sobre aquele inocente.

É também essencial dizer que esse Jesus não padeceu a Paixão e a morte como fatalidade. Tratou-se de uma escolha consciente de absoluta fidelidade à missão de manifestar a todos o amor, a reconciliação e a salvação de Deus. Nem mesmo diante da ameaça da morte ele abandonou sua missão. Ofereceu a si mesmo para a reconciliação e o perdão dos pecados. Deu a vida por amor.

Portanto, sem fazer um tratado sobre o pecado, o tema está fundamentalmente presente, a partir do momento em que os fatos de Jesus são apresentados em sua verdadeira natureza e interpretação, de acordo com os testemunhos bíblicos.

No anúncio do Evangelho é preciso falar do juízo de Deus?

Não há dúvida que o tema do juízo deva aparecer entre os temas clássicos do anúncio cristão. A dificuldade de muitos catequistas provém do fato de que, nos catecismos, o mais das vezes "juízo" vem associado aos clássicos lugares escatológicos: paraíso, purgatório, inferno. Tem-se a impressão de que isso seja contraproducente e contrário à mentalidade de hoje.

Concretamente, é melhor ater-se aos termos nos quais o problema é colocado no próprio Novo Testamento. Em primeiro lugar, a mensagem acerca da vinda do Reino de Deus é, primariamente, uma mensagem sobre a absoluta centralidade de Deus na vida do ser humano, sobre a Vida, sobre a Salvação, sobre a vontade salvífica de Deus. No primeiro anúncio não é, pois, o caso de insistir sobre o inferno. É um tema do qual se falará no catecumenato, dentro dos limites discretos nos quais está presente nos Evangelhos.

Em segundo lugar, os textos do Novo Testamento revelam certa passagem de uma expectativa do retorno imediato de Cristo para julgar o mundo ("a bem-aventurada esperança") para uma espera menos iminente e, por isso, necessariamente mais concentrada sobre a vigilância que deve caracterizar a existência cristã de cada indivíduo, considerando a brevidade de sua existência antes de morrer. Essa vigilância é sempre necessária. Ainda que o retorno de Cristo se faça esperar, o tempo da vida de cada um é breve. Nas parábolas, o juízo de Deus é afirmado, mas se insiste principalmente sobre a vigilância e a prontidão. Basta pensar na parábola das virgens convidadas para a festa de núpcias, ou então naquela do ladrão que vem em uma hora inesperada da noite. Trata-se sempre do tempo profícuo, do tempo que hoje é usado de acordo com o projeto de Deus e que decide a vida futura do ser humano para além da morte.

Perante o juízo que Deus pronunciará sobre cada ser humano, este tempo é o tempo propício, tempo de graça, ocasião favorável. Deus mesmo vai em busca daquele que se perdeu. "[...] Jesus, [...] virá dos céus para nos arrancar da ira que vem vindo" (1Ts 1,10). Este mesmo Jesus voltará para julgar os vivos e os mortos (Creio litúrgico).

O projeto de Deus, proposto no Evangelho, confere ao tempo da existência humana uma seriedade radical. Aceitando ou rejeitando entrar no projeto de Deus, o ser humano realiza o juízo sobre a própria existência.

É preciso falar explicitamente da Santíssima Trindade?

Na história das missões, o tema da Trindade sempre foi um dos pontos delicados. Como regra, muitos missionários adiavam o tema da Trindade para a última fase do catecumenato, quando se faz o comentário do Creio e do Símbolo dos Apóstolos. É preciso, forçosamente, tocar neste tema, visto que a fórmula batismal fala explicitamente de batizar em nome do Pai, do Filho e do Espírito Santo.

Provavelmente uma simples distinção ajuda a compreender melhor o problema. No primeiro anúncio de Jesus Cristo, falar-se-á normalmente de Deus, de Jesus Cristo Filho de Deus, e do Espírito Santo, segundo as modalidades que são aplicadas pelos mesmos textos do Novo Testamento. Nesse sentido o querigma mesmo é trinitário (como se reflete, aliás, também no Símbolo dos Apóstolos e na fórmula batismal).

Uma explicitação mais clara, à luz dos detalhamentos dogmáticos pós-bíblicos, poderá acontecer no catecumenato, onde justamente se faz a explicação do Símbolo dos Apóstolos. Certamente, no primeiro anúncio de Jesus Cristo, é inoportuna a introdução de distinções sutis e difíceis que se encontram no tratado teológico sobre Deus uno e trino.

É preciso também explicar ao não cristão o que é a Igreja?

Para todos aqueles que se dedicam ao anúncio do Evangelho, deveria ser bastante claro que o objeto primário do anúncio cristão não é a Igreja institucional, mas Deus que se revela em Jesus Cristo e chama todo ser humano à conversão, à fé e à vida eterna. Certamente, nenhum evangelizador deveria pensar que anunciar o Evangelho seja uma espécie de "propaganda para inscrever-se na Igreja" (em analogia com a publicidade para inscrever-se em um partido político, em alguma associação etc.).

Portanto, como o próprio Jesus, queremos, em primeiro lugar, que as pessoas se abram à grande iniciativa de salvação da parte de Deus, e se empenhem rumo à grande novidade de vida que é exigida para viver como verdadeiros filhos de Deus, no novo relacionamento de amor, de fé e de esperança em Deus e, assim, tenham a vida eterna.

Contudo, no primeiro anúncio deverá estar presente a ideia fundamental que se realiza na Igreja. Em Jesus Cristo, Deus mesmo vem convocar universalmente todos os seres humanos. Deus convoca os seres humanos porque quer reunificar, em Cristo, sob um único chefe, todo o gênero humano: viver como irmãos no amor radical de Deus e dos irmãos, e ter a vida eterna no Reino de Deus. Desde o início, os apóstolos e os cristãos fizeram a experiência de ser uma comunidade ou Igreja. Todos aqueles que acreditam em Jesus Cristo formam como que um só e grande corpo.

De resto, deveria ser bastante óbvio que no primeiro anúncio do Evangelho não se deve fazer nada que se assemelhe a um tratado de eclesiologia. Absolutamente, não é o caso de programar explicações sobre estruturas jurídicas, sobre o funcionamento da Igreja institucional. No catecumenato poder-se-á dizer algo mais, sem a preocupação, porém, de explicar toda a estrutura jurídica da Igreja. É preciso ficar nas linhas gerais.

3
Fragmentos de metodologia

A palavra "método" indica, geralmente, a via a ser percorrida a fim de se alcançarem determinados objetivos. O sonho de muitas pessoas que trabalham no anúncio do Evangelho é encontrar indicações bem precisas, detalhadas e pormenorizadas para conseguir levar o não cristão à fé cristã. Os sonhos, porém, raras vezes refletem a realidade.

No que diz respeito ao primeiro anúncio do Evangelho, já procuramos esclarecer quais são os objetivos a ser alcançados. Os capítulos precedentes oferecem também abundantes detalhes sobre os conteúdos centrais e indispensáveis a fim de se lograr tais fins. Tampouco faltam, espalhadas, aqui e ali no texto, dicas e sugestões de metodologia, por exemplo, acerca de como fazer ou não fazer para apresentar os conteúdos centrais do Evangelho.

O meio principal para atingir as finalidades do primeiro anúncio consiste em dar testemunho verbal a respeito desses núcleos centrais da fé cristã. As sugestões metodológicas oferecidas neste capítulo dizem respeito principalmente às modalidades de realizar tal testemunho do Evangelho. Ficam fora de consideração os problemas gerais dos métodos missionários que se relacionam principalmente com as escolhas e os procedimentos gerais para a edificação da Igreja em determinada região. Tais problemas (às vezes indicados também como estratégias) eram de grande atualidade no início do século XX. Há vários anos, porém, recebem pouca atenção na missiologia.[1]

Alguns princípios metodológicos gerais

Juntemos aqui alguns princípios metodológicos que já encontram certo consenso na longa tradição da transmissão da fé e nas experiências contemporâneas de anúncio do Evangelho.

Preferência pelas relações pessoais sob o signo da confiança

Uma regra bastante geral ensina que em uma relação de mútua confiança é mais fácil encontrar as palavras apropriadas para dizer uma coisa importante a alguém. Uma via preferida para o anúncio do Evangelho consistirá, portanto, em criar verdadeiras relações pessoais, caracterizadas pelo conhecimento individual das pessoas, pela estima e compreensão por aquilo que são, fazem e, em última análise, pelo que estão buscando em suas vidas.

O lugar onde tais relações confiantes existem espontaneamente e onde também a transmissão do anúncio é comum desde pelo menos 1.500 anos é o ambiente familiar, a relação entre pais e filhos (pelo menos na idade que precede a adolescência). Os pais fazem os filhos participar espontaneamente de sua vida cristã e encontram também, sem estudos específicos, as palavras apropriadas para dizer quais são os conteúdos fundamentais da mensagem evangélica.

Também diante da constatação de que este tipo de primeiro anúncio do Evangelho não é suficiente e, muitas vezes, concretamente, é fragmentário ou subdesenvolvido hoje, por causa da fé e da prática acanhadas dos pais, por

---

[1] Cf. SCHMITZ, J.; RZEPKOWSKI, H. Missionsmethode. In: MÜLLER, K.; SUNDERMEIER, Th. (ed.). *Lexikon Missionstheologischer Grundbegriffe*. Berlin: D. Reimer, 1987. p. 292-297.

causa do impacto do pluralismo cultural e religioso..., seria um grande erro querer renunciar globalmente a este método que durante tantos séculos demonstrou sua validade. Ao contrário, procurar-se-á reforçar o clima de confiança da família cristã. Não importa se é chamado de despertar religioso ou catequese familiar, ou envolvimento dos pais na evangelização dos filhos. O importante é que exista, da parte dos filhos, uma participação real no Cristianismo vivido pelos pais.

Uma terceira aplicação do mesmo princípio é a preferência por aqueles ambientes educativos onde surge uma relação confiante com os educadores cristãos de grupos adolescentes e jovens, onde estão ainda em jogo os processos de identificação com modelos de vida. Quando surge uma relação de confiança, um testemunho convicto da própria fé em Deus e em Jesus Cristo, pode ser muito eficaz.

O caminho do colóquio e do diálogo

Dois modelos principais do primeiro anúncio do Evangelho, os quais encontramos no Novo Testamento, seguem explicitamente a via do colóquio: o episódio do encontro de Jesus com a mulher samaritana, junto ao poço de Jacó (Jo 4,1-30), e o dos discípulos de Emaús (Lc 24,13-35). Em ambos os casos, começa-se com perguntas dirigidas à outra pessoa. Nos dois casos, existe uma referência precisa a uma situação subjetiva e vivida (que emerge em uma breve história de vida). No diálogo com as preocupações fundamentais do interlocutor é oferecido o espaço para uma proposta gradual e integral do Evangelho.

A razão pela qual convém chamar a atenção sobre este aspecto é que muitos catequistas e sacerdotes provêm da experiência dos catecismos ou da pregação, em que muitas vezes se faz um discurso de mão única, de tipo professoral, não um colóquio ou diálogo no qual as perguntas do interlocutor são levadas muito a sério. O catequista ou o evangelizar sente, talvez, certa ânsia de tornar conhecida, o mais breve possível, a verdade cristã, muitas vezes sem se preocupar se aquilo que diz serve também para esclarecer os questionamentos angustiantes que atormentam o coração do interlocutor. Talvez não lhe conceda sequer a alegria de dizer o que pensa e o que está buscando em relação ao sentido religioso de sua existência humana. É provável que seja fortemente caricaturesco o dito segundo o qual a catequese (como certo tipo de filosofia) dá respostas a perguntas que jamais foram feitas, ao passo que deixa as pessoas famintas em relação às interrogações que deveras se colocam. Contudo, talvez a caricatura tenham também algo de verdade.

Na realidade, o anúncio da mensagem evangélica a uma pessoa concreta (adolescente, jovem, adulto) é feito, o mais das vezes, no contexto de uma conversa serena, cordial, bastante séria. O interlocutor fala de suas preocupações humanas ou religiosas, ou manifesta suas dúvidas ou os profundos questionamentos diante da vida e da morte. Neste caso funciona como modelo para o evangelizador não o púlpito de uma igreja, tampouco a aula de catecismo das crianças, menos ainda a aula escolástica com sua didática particular, com os métodos costumeiros e quiçá os multimídias, mas o colóquio de Jesus com a mulher samaritana ou com os discípulos de Emaús.

O aspecto coloquial, aqui, entra em jogo de diversas maneiras. Antes de mais nada, parece muito importante que o outro tenha a liberdade de falar e eventualmente seja estimulado por uma pergunta sincera e interessada. Muitas vezes as reservas ou as observações críticas desses interlocutores, por exemplo, quanto ao comportamento de pessoas religiosas, podem ser partilhadas por nós. Tal intercâmbio oferece a ocasião para orientar a atenção para o que é essencial, central na fé cristã. As perguntas críticas que de vez em quando são dirigidas ao interlocutor são, muitas vezes, mais eficazes do que uma resposta imediata, porque lhe permitem caminhar na direção do Evangelho.

A proposta do Evangelho faz-se no contexto de problemas, posições, preocupações, buscas apresentadas pelo interlocutor, como questionamentos sobre o sentido da vida, ou sobre o comportamento de pessoas religiosas que não são caritativas e respeitosas do próximo, ou quando ele manifesta preocupações angustiadas em relação à morte de uma pessoa a quem está ligado pelo amor e pelo afeto etc. As sugestões do missionário e catequista espanhol A. Nebreda, que trabalhou durante muito tempo no Japão e nas Filipinas, estão entre as mais concretas e experimentadas a este respeito.[2]

Há uma segunda razão pela qual, no primeiro anúncio do Evangelho, o colóquio é muito importante. A meta que se quer atingir mediante o anúncio da mensagem evangélica é que o interlocutor faça pessoalmente, ao menos no nível inicial, o ato de fé no único e verdadeiro Deus, realize uma conversão inicial e caminhe rumo a uma fé pessoal em Jesus Cristo. Normalmente, tudo isso não vem em um minuto ou em um dia, não acontece como a queda de um raio, mas é amiúde um processo fatigoso, marcado por perplexidades, questionamentos, hesitações, necessidade de esclarecimentos... O processo é frequentemente doloroso, porque coloca em crise toda a impostação da existência. Requer-se um tempo mais ou menos longo, no qual o interlocutor deve confrontar-se consigo mesmo. Aquele que começa a interessar-se pela mensagem evangélica deve ter a oportunidade de dizer em voz alta como percebe o problema de Deus e o que já sabe acerca do Cristianismo, quais as dificuldades que encontra. Deve encontrar a pessoa que o ajude a dissipar as principais dificuldades e acolher concretamente o que Deus deseja dele.

Nessa moldura o colóquio com o sacerdote ou com o catequista se torna uma coisa importante para desfazer tantos obstáculos que nascem ao longo do caminho. Aqui também é necessária a função de acompanhamento, percorrendo um pedaço de caminho juntos.

De qualquer modo, também o diálogo não deve ser mitificado, como se fosse o único contexto de anúncio do Evangelho. Na história das missões, encontramos também outros exemplos, não desprovidos de discreto sucesso. Por exemplo: Alexandre de Rhodes, no Vietnã, no século XVII, exigia oito

---

[2] Cf. o texto muito interessante de: NEBREDA, A. Preevengelizzazione in forma di dialogo. In: VV. AA. *Nuovi orizzonti del dialogo missionario*. Brescia/Bologna: Queriniana/ EMI, 1968. p. 153-166.

dias de escuta silenciosa. Em todo caso, o que os interessados escutavam era apresentado sob a forma de oito colóquios entre um mestre cristão ocidental e um mestre chinês confuciano.[3] Exigia-se a escuta silenciosa desses oito colóquios porque a experiência havia ensinado que, assim, muitas dificuldades de percurso já se resolviam através das diversas exposições e, no fim, restavam poucas interrogações.

Quando se trata de crianças, talvez se possa praticar um método mais propositivo ou narrativo. Se bem que, também neste âmbito, algumas pesquisas recentes – por exemplo, as do grupo dirigido por John Hull, na Inglaterra – demonstraram quão importantes são as perguntas das crianças, e como é grande seu potencial de abertura e de busca. Também elas são capazes de diálogo.[4]

Ser generosamente disponíveis para as pessoas que buscam

Muito importante é voltar-se para tantas pessoas que perguntam ou demonstram interesse em ouvir o que é verdadeiramente nossa fé cristã. As declarações genéricas sobre a indiferença religiosa do homem de hoje correm o risco de desviar a atenção das numerosas pessoas em estado de busca. Tais pessoas são, geralmente, terreno fecundo para testemunhar a fé evangélica. Isso vale também para as pessoas que aparentemente não buscam perspectivas religiosas – por exemplo, as tantas pessoas que procuram interioridade ou espiritualidade, ou já se frustraram com respostas oferecidas pelo supermercado religioso com suas macedônias consumísticas.

Formas de anúncio cristão ocasional e indireto

Nos contatos pessoais com adultos ou com adolescentes e jovens existem múltiplas ocasiões para verificar, com

---

[3] Cf. PHAN, Peter C. *Mission and Catechesis. Alexandre de Rhodes & Inculturation in Seventeenth-Century Vietnam.* Maryknoll, New York: Orbis Books, 1988. p. 118.

[4] Cf. HULL, J. Theological Conversation with Young Children. *British Journal of Religious Education* 20/1 (1997-1998) 7-13.

simplicidade, a fé no verdadeiro Deus ou em Jesus Cristo. O mais das vezes isso acontece nos colóquios espontâneos, onde os interlocutores expõem ou defendem seu modo de ver, ou a opinião dominante no ambiente em que vivem, perante os grandes problemas da vida humana. O testemunho cristão intervém também, espontaneamente, atestando a proposta evangélica.

Existem, outrossim, possibilidades indiretas de anúncio do Evangelho. Não parece que sejam completamente negligenciáveis. Indicamos alguns modelos conhecidos e experimentados.

Antes de mais nada, numa escola de religião, sem fazer propaganda religiosa ou sem exercitar alguma forma de pressão, em todo caso é possível entrar em contato com textos bíblicos específicos, que contêm testemunhos fundamentais a respeito da mensagem cristã. Mesmo que os textos sejam estudados com intenções formativas, culturais ou escolásticas, não se pode jamais excluir que um ou outro dos participantes possa deixar-se fascinar pelo conteúdo em si e possa compreendê-lo como um apelo dirigido a ele, pessoalmente.

Outro exemplo, nesta mesma linha, é o contato formativo e cultural com grandes monumentos artísticos do Cristianismo – por exemplo, a visita cuidadosamente preparada a uma catedral: tal visita oferece sempre a ocasião para testemunhar a fé que inspirou obras e personagens que estão documentados aqui através dos séculos.

Um terceiro modelo, que tem uma longa tradição na obra missionária, consiste em organizar iniciativas em torno dos grandes problemas da existência humana. Tal reflexão já interessa profundamente do ponto de vista humano e é significativa também para aqueles que participam sem convicções religiosas precisas. O confronto e a reflexão crítica sobre muitas respostas e propostas permitem focalizar a importância de tais problemas. Ao mesmo tempo, tornam possível que também a resposta cristã seja apresentada em meio a outras. A fórmula é indicada, às vezes, como "cátedra dos não crentes". O nome pode surpreender, visto que, salvo prova em contrário, justamente neste nível não se fala muito de uma cátedra, como alguém que já sabe e se dirige a outros que não sabem.

Assinala-se um quarto modelo. Muitos responsáveis pelas missões ou nos países de Cristandade antiga alimentam expectativas quase míticas em relação aos meios de comunicação de massa, particularmente a televisão e, em parte, o cinema religioso, para fazer chegar a todos a mensagem evangélica. Contudo as poucas pesquisas a esse respeito parecem atestar que somente uma reduzidíssima parte dos catecúmenos atuais recebeu estímulo desses meios de comunicação para chegar ao catecumenato. Ao passo que está comprovado que, na quase totalidade dos casos, as relações pessoais com cristãos é que provocam a abertura ao Evangelho e ao catecumenato.

Anunciar com o método do choque ou esperar o momento propício?

Convém acrescentar uma última observação. Entre cristãos que se ocupam da evangelização, às vezes nos confrontamos com a ideia de que a proclamação da mensagem evangélica deve ser feita de modo brusco, sem tantos rodeios, sem muita preparação, educação e ajustes. É preciso surpreender e sacudir as pessoas; daí se podem esperar conversões... Seja como for, mais de um preferiria métodos mais agressivos, não muito diferentes daqueles praticados em algumas seitas religiosas.

Com efeito, a história da pregação recorda-nos certos pregadores de exercícios espirituais ou de missões populares que aplicavam uma espécie de terapia de choque, ou de intimidação acerca das consequências desastrosas para aqueles que não escutam a pregação e não voltam a se confessar...

À margem dessas posições, parecem ser necessárias algumas observações. Consideramos, antes de mais nada, que não são aceitáveis a intimidação, a ameaça com castigos temporais ou eternos, pois são contrários ao princípio do respeito e da liberdade. O mesmo vale para os métodos mais agressivos (não diferentes da publicidade agressiva).

Contudo, talvez o problema mesmo esteja mal colocado. Não parece que o problema seja o de recorrer a um método de choque. O próprio conteúdo da proposta evangélica é que possui um caráter contrastante e, sob muitos aspectos, desconcertante. A proposta do plano de Deus, tal qual se manifesta e se realiza em Jesus Cristo, é feita com tudo o que possui de inusitado, inatural, de profundamente crítico em relação à lógica corrente e quotidiana. Aquilo a que São Paulo chama de escândalo da cruz faz parte constitutiva da mensagem evangélica.

No que toca ao querigma ou à proclamação da mensagem cristã, é preciso manter a consciência de que esse caráter de novidade, de ruptura, de contraste com os discursos normais das pessoas está presente desde o início. A coragem de dizer que a realidade central é Deus e que o importante na vida humana é colocar Deus no centro, converter-se a Deus, procurar a vontade e o projeto de Deus... não tem certamente nada de conformismo e de concessão à mentalidade corrente. Em certo sentido, é radicalmente anticonformista para a maioria das pessoas. O mesmo vale para o discurso sobre a Morte e Ressurreição de Jesus Cristo, sobre o perdão dos pecados, acerca da vida eterna.

Em contrapartida, é um dado humano geral que o encontro com algo novo e inesperado pode abalar a pessoa, abrir horizontes insuspeitados anteriormente, mudar profundamente a impostação da vida. O importante é que a realidade nova que se encontra, posto que não esperada como tal nem naquela forma, possa ser reconhecida. O encontro com o outro, o novo, o inesperado faz parte da experiência humana.

Quanto ao segundo aspecto da pergunta, ou seja, se é preciso esperar o momento propício e oportuno para fazer a proposta evangélica, aqui também é preciso distinguir. Se as pessoas não têm vontade alguma de escutar, não podemos constringir ninguém.

Para muitas pessoas, porém, não se sabe se é ou não oportuno, se existe alguma possibilidade de que uma porta se abra. Efetivamente, não temos escala de aferição para julgar se estas ou aquelas pessoas têm condições suficientes para que um confronto com o Evangelho tenha alguma possibilidade de êxito. De qualquer maneira, muita experiência missionária ensina que os cálculos sobre preparação e disponibilidade são muitas vezes frustrados pela realidade: com pessoas promissoras às vezes nada se obtém, ao passo que existem pessoas que não parecem oferecer qualquer perspectiva razoável de escuta e de acolhida, mas que, na verdade, acolhem o Evangelho. Certa coragem é necessária para anunciar... e para suportar que em tantos casos a semente do Evangelho não seja acolhida.

Precauções metodológicas em relação à situação religiosa do não cristão

A enorme quantidade de artigos e livros que são publicados hoje sobre o diálogo inter-religioso e sobre a inculturação poderia facilmente dar a impressão de que a questão dos métodos da primeira evangelização se reduz a esses dois âmbitos de problemas. Tais problemas, indubitavelmente, são importantes. No entanto, deve-se dizer que eles, particularmente o problema do diálogo com as religiões não cristãs, acometem em primeiro lugar a teologia da evangelização e especificamente a teologia das religiões, e são desenvolvidos amplamente no âmbito da missiologia. Aqui não é o lugar para expor todas as investigações teóricas e os pontos nevrálgicos das discussões em torno de tais questões. E ainda que todas as ideias acerca desses grandes problemas fossem esclarecidas, nem por isso estariam resolvidas as interrogações práticas que se colocam no campo do anúncio da fé a pessoas concretas. Com essa consciência podem ser recordados aqui alguns tópicos ou sugestões de ordem prática e mais úteis para a proposta do Evangelho no mundo ocidental.

Grande respeito pela cultura e pelos costumes religiosos

Para o anúncio do Evangelho às jovens gerações de hoje e, de modo geral, ao homem contemporâneo ocidental, poderia ser útil levar em consideração um princípio geral que remonta ao ano de 1659, formulado com vistas ao anúncio do Evangelho na China e, em geral, às populações do Oriente. Trata-se da já mencionada *Instrução de Propaganda Fide aos Vigários apostólicos da Société des missions étrangères* [Sociedade das missões estrangeiras], de 1659. O documento é conhecido como *Monita ad missionarios* [*Diretrizes aos missionários*]. Conquanto distante no tempo e destinada ao anúncio do Evangelho em culturas tão diversas das europeias, revela-se de extraordinária atualidade:

> Não procurar, de forma alguma, nem com qualquer argumento, persuadir as pessoas a mudar seus ritos, usos e costumes, salvo no caso em que estejam evidentemente em contraste com a religião e os bons costumes. Haveria, talvez, algo mais absurdo do que pretender importar para a China a França, a Espanha ou a Itália, ou qualquer outra parte da Europa? Não importem aquelas nações, mas unicamente a fé, que não rejeita nem ofende os ritos e os costumes de nenhum povo, de parte alguma, desde que não se trate de coisas viciosas; ao contrário, deseja assumi-los e conservá-los bem... [...] Admira e louva todas as coisas que merecem louvor. Quanto às coisas não louváveis, se, por um lado, não é o caso de exaltá-las, como o gostariam os aduladores, com palavras de louvor, por outro lado, confia-se à tua discrição o não externar um julgamento sobre elas; por certo, não devem ser condenadas desrespeitosamente ou de maneira ofensiva. Se encontrares algo depravado, é preciso censurá-lo com a indiferença e o silêncio, mais do que com as palavras; quando, porém, os espíritos estiverem bem dispostos a acolher a verdade, aproveita a oportunidade para eliminar gradualmente tais perversões...[5]

Por que não deixar aberta a hipótese de que este código de comportamento, com a necessária adaptação, possa valer para o primeiro anúncio a muitos adultos e, sobretudo, a muitos jovens não cristãos de hoje? Esses também representam um

---

[5] Seguindo-se a tradução inglesa do texto em: JENNES, J. *Four Centuries of Catechetics in China. Historical Evolution of Apologetics and Cathechetics in the Catholic Mission of China from the 16th Century until 1940* (orig. 1942). Taiwan Pastoral Center, 1975. p. 88.

modelo de cultura diferente e um panorama de "religiosidade" especial que devem ser respeitados e evangelizados.

Compreensão e valorização positiva da busca religiosa em ato

É importante que o interlocutor não cristão jamais tenha a impressão de que tudo o que fez, buscou e pensou até agora está radical e completamente errado ou seja totalmente desprovido de importância para encontrar o Evangelho de Jesus Cristo. Ao contrário, é preciso uma atitude fundamental de compreensão e de aprovação ante a reflexão e a busca em ato, e pelo percurso já realizado.

O interlocutor não pode ter como primeira impressão o ter de renegar todas as coisas que, até então, lhe pareceram boas, laudáveis e positivas em sua tradição cultural e religiosa, em sua prática religiosa e em sua busca religiosa pessoal. E é justo, pois o Evangelho não faz da existência uma tábula rasa, mas liberta, salva, evangeliza o presente. Significa que tudo o que é nobre e bom pode continuar a existir na fé cristã.

É mister, portanto, demonstrar uma atitude da avaliação positiva em relação a alguns dados positivos que, em todo caso, estão presentes em sua existência e na cultura a que pertence: o amor à vida, a honestidade para com os outros, a busca de comunidade, a hospitalidade, a lealdade etc.

Os problemas, as crises, os desafios que aparecem em sua vida são acolhidos positivamente como convite a progredir na compreensão do mistério da vida. Todo homem honesto deve acolher esses convites e buscar dar uma resposta positiva a eles.

Sintonizar-se com a situação religiosa real do interlocutor

A encíclica *Redemptoris Missio*, n. 44, indica o seguinte princípio:

> Um tal anúncio tem de se inserir no contexto vital do homem e dos povos que o recebem. Além disso ele deve ser feito

numa atitude de amor e de estima a quem o escuta, com uma linguagem concreta e adaptada às circunstâncias. Para isso concorre o Espírito, que instaura uma união entre o missionário e os ouvintes, tornada possível enquanto um e os outros, por Cristo, entram em comunhão com o Pai.

A via normal e também mais fecunda é o encontro pessoal, o colóquio pessoal, onde há sintonia com um verdadeiro problema religioso colocado pelo interlocutor. Isso pode ser feito de diversas maneiras.

Existe, antes de mais nada, a pessoa que sofre um problema geral de salvação: por exemplo, ela está convicta de que o ser humano não vive somente de pão e de bens de consumo, mas não sabe exatamente o que deseja em lugar disso. Ou, ainda, em um momento de crise da vida: a felicidade escapa, a saúde é frágil, a vida é breve...

Outras vezes encontra-se alguém que está (às vezes dramaticamente) às voltas com um problema particular de salvação. Por exemplo: cometeu um grande erro, uma terrível infidelidade..., como poderá recuperar a paz de espírito?

Existem, ainda, outras pessoas que estão apenas vagamente em busca de algo... Têm medo de confrontar-se explicitamente com o grande problema da vida e da morte, e adiam-no... Neste caso, o colóquio pode exigir claramente atenção para a importância de tais problemas.

Tudo isso está estritamente na linha daquela práxis de Jesus ilustrada nos Evangelhos. São descritas diversas situações muito concretas nas quais está presente, sob várias formas, a busca de salvação: as pessoas enfermas, aqueles que não sabem mais por que se afadigam ou por que vivem; a pecadora que busca ansiosamente recuperar a dignidade pessoal e um amor; os discípulos de Emaús, desencorajados e desiludidos; e tantas outras situações bastante concretas que colocam em crise a pessoa humana.

Em resumo: o Evangelho nunca é anunciado a uma alma abstrata e universal. As pessoas concretas têm toda uma história religiosa pessoal, um problema de salvação frequente dramaticamente sofrido no secreto da alma. O anúncio do Evangelho não pode radicalmente ignorar tal realidade. Deve sempre procurar referir-se a algum interesse religioso real do interlocutor. Podemos ainda chamar a atenção para dois modelos bíblicos: o da samaritana e o dos discípulos de Emaús.

Não começar fazendo a crítica da falsa religiosidade

Num clima no qual todos falam de diálogo com as outras religiões, pode parecer extemporâneo recordar que não convém começar com a crítica da falsa religiosidade no primeiro anúncio do Evangelho. Ainda hoje não é difícil encontrar algumas pessoas zelosas cuja primeira ação é ridicularizar ou condenar as diversas superstições ou práticas religiosas duvidosas dos jovens ou das pessoas.

Não está em discussão que a primeira evangelização deverá também dizer uma palavra crítica sobre crendices inconsistentes ou distorcidas, ou denunciar práticas religiosas vãs ou nocivas. O problema é que não se deve fazê-lo de saída, como encaminhamento ou como primeiro passo.

Em vários momentos da história cristã, houve forte reação e desaprovação no que tange aos missionários cujo primeiro movimento era uma dura crítica da idolatria e da religiosidade existente. O mínimo que se pode dizer é que o procedimento não é recomendável e, na prática, revela-se contraproducente. Quem age assim comumente indispõe os ouvintes e angaria inimigos. Certamente não predispõe favoravelmente os ânimos para a escuta e para o desejo de saber algo mais a respeito da fé cristã.

Algumas sugestões podem ser úteis tanto no mundo ocidental quanto nas missões longínquas. Antes de mais nada, como primeiro passo, é preciso procurar ressaltar os aspectos positivos na vida e na religiosidade das pessoas com as quais se entra em contato. Por exemplo: seu grande senso religioso, sua piedade profunda, sua sensibilidade ética em determinados setores. Em segundo lugar, procurar-se-á propor a fé no único Deus vivo e verdadeiro, criador do céu e da terra. Em terceiro lugar, na perspectiva do único Deus verdadeiro é que todas as outras forças e poderes sacros são relativizados e revelam sua inconsistência. Em quarto lugar, é preciso, muitas vezes, ter muita paciência se, por algum tempo, muitas formas de religiosidade inconsistente continuem a existir.

Três modelos ou paradigmas bíblicos para o primeiro anúncio do Evangelho

O próprio Novo Testamento apresenta quatro Evangelhos que, em unidade substancial, têm, contudo, sensibilidades diversas e posturas diferentes na apresentação da mensagem evangélica aos candidatos cristãos.

Ademais, encontramos nos textos do Novo Testamento alguns modelos específicos que há muito tempo mereceram a atenção na catequese renovada, mas que, na realidade, são modelos para o primeiro anúncio do Evangelho. De alguma maneira, são espelhos de um caminho ou percurso (primeira fase) para se tornar cristão. Diferentemente de muitos catecismos, esses modelos se referem explicitamente a determinadas experiências fundamentais do ser humano, nas quais, continuamente, apesar da diversidade das culturas, cada um pode, de alguma maneira, reconhecer a si mesmo, ou seja, os próprios questionamentos e angústias diante do grande mistério da vida humana. Apresentamos somente os principais, que já eram, de certa forma, reconhecidos como paradigmas na primeira Cristandade.

Primeiro modelo: Quem é este?

Em todos os países, hoje como antigamente, encontram-se pessoas que se interessam por personalidades religiosas, sobre as quais gostariam de saber mais, com as quais gostariam de ter contato e, eventualmente, seguir seus ensinamentos.

O Evangelho de Marcos representa um típico modelo de primeiro anúncio do Evangelho que se liga a este tipo de interesse religioso. É guiado pela pergunta: Quem é *este*? Quem é este grande homem religioso, Jesus de Nazaré? Que está por trás de seu aparecimento assim profundamente religioso, que desperta tanto o interesse das pessoas mas, ao mesmo tempo, é crítico e contrastante com a religiosidade do ambiente? A resposta final é dada, no fim do percurso, pelo centurião pagão que confessa: este é, verdadeiramente, o Filho de Deus!

Evidentemente, é o ponto aonde deveria chegar a pessoa que escuta tal proposta do Evangelho. Observamos que Marcos é o único que indica, no início, que seu escrito é a proposta do Evangelho ou da Alegre Mensagem.

Segundo modelo: O encontro com a mulher samaritana (Jo 4,1-42)

No Evangelho de João, o encontro de Jesus com a mulher samaritana serve, entre outras coisas, também como uma espécie de espelho para todos os que se dispõem a encontrar Jesus e seu Evangelho. A proposta do Evangelho liga-se à sede do corpo, à oferta de água a um estrangeiro. A sede é a grande indicação simbólica da necessidade de salvação no ser humano. O relato indica, ao mesmo tempo, um percurso e os conteúdos centrais da própria mensagem cristã.

Terceiro modelo: Os discípulos de Emaús (Lc 24,13-35)

O episódio dos discípulos de Emaús é, a seu modo, um percurso de primeiro anúncio do Evangelho. Parte também, desta vez, de uma grande experiência humana, marcada pelo problema da salvação. O evangelizador se põe a caminho com eles, interroga, convida-os a narrar a própria história de vida e, partindo daí, evangeliza o caminho de Jesus Cristo, que é o do servo sofredor na absoluta fidelidade ao amor e à missão recebida de Deus.

Para leitura e aprofundamento

Documentos da Igreja

COMPÊNDIO DO VATICANO II. *Ad Gentes*. Constituições, decretos, declarações. Petrópolis: Vozes, 1991. p. 351-399.

I VESCOVI DI FRANCIA. *Proporre la fede nella società attuale. Lettera ai cattolici*. Leumann (Torino): Elledici, 1998.

JOÃO PAULO II. Carta encíclica *Redemptoris missio*. Acerca da permanente validade do mandato missionário. São Paulo: Paulinas, 1991. (Coleção A voz do papa, n. 125.)

PAULO VI. Exortação apostólica sobre a evangelização *Evangelii Nuntiandi*. São Paulo: Paulinas, 1975. (Coleção A voz do papa, n. 85.)

SACRA CONGREGAZIONE PER IL CLERO. *Direttorio generale per la catechesi*. Città del Vaticano: Libreria Editrice Vaticana, 1997.

Livros

CASIRAGHI, G. *Chiesa locale e annuncio missionario*. Bologna: EMI, 1988.

_____. *La missione, nuova frontiera della Chiesa. Un'enciclica missionaria per il duemila*. Leumann (Torino): Elledici, 1992.

CASTRO QUIROGA, L. A. *Invito alla missione "Ad gentes"*. Bologna: EMI, 1987.

CHIOCCHETTA, P. (ed.). *Cristo, Chiesa, missione*; commenti alla *Redemptoris Missio*. Roma: Urbaniana University Press, 1992.

CIPRIANI, S. *Missione ed evangelizzazione negli Atti degli Apostoli*. Leumann (Torino): Elledici, 1992.

DODD, C. *La predicazione apostolica e il su sviluppo*. Brescia: Paideia, 1973.

ESQUERDA BIFET, J. *Teologia dell'evangelizzazione*. Brescia: Paideia, 1973.

FABRIS, R. *La storia della missione. Atti degli Apostoli*. Roma: Edizioni Paoline, 1980.

GEVAERT, J. *Prima evangelizzazione. Aspetti catechetici*. Leumann (Torino): Elledici, 1990.

HENRY, A.-M. *La forza del vangelo*. Assisi: Cittadella, 1969.

LIÉGÉ, P.-A. *Andate e insegnate. Il vangelo e la fede*. Leumann (Torino): Elledici, 1981.

MAGGIONI, B. et alii. *Annunciare il vangelo. Il kerygma nel Nuovo Testamento*. Reggio Emilia: San Lorenzo, 1997 (também em *Sussidi biblici* 54, 1992).

MASSON, J. et alii. *L'attività missionaria della Chiesa*. Leumann (Torino): Elledici, 1967.

MÜLLER, K. *Teologia della missione. Un'introduzione*. Bologna: EMI, 1991.

PRADO FLORES, J. *Andate ed evangelizzate i battezzati*. Roma: Edizioni Dehoniane, 1989.

TESTA, E. et alii. *L'annuncio del vangelo oggi. Commento all'esortazione apostolica di Paolo VI Evangelii Nuntiandi*. Roma: Pontificia Università Urbaniana, 1977.